图解服务的细节
134

売れる販売員が絶対言わない接客の言葉

增加顾客的 34则话术

［日］平山枝美 著
姚山宏 译

人民东方出版传媒
People's Oriental Publishing & Media
东方出版社
The Oriental Press

前　言

只要稍稍改变"待客语言"，就能变身"金牌销售员"

对开口"招呼"顾客感到有抵触。

不能恰当地把握顾客的需求。

对商品做出说明之后，顾客反应一般。

缺乏持续进攻的能力。

有上述烦恼的各位只要稍稍改变一下"待客语言"，就能变身"金牌销售员"。

实际上，我本人也曾经为上述的问题所困扰。当时，虽然我觉得，我希望顾客购买心仪商品的欲望比一般人要强一倍，但是，越是思考顾客的心情越是不能很好地招呼顾客。

一次，我没能很好地招呼一位顾客，前辈①销售员替我招

---

① 在日本，人们有比较鲜明的等级观念。在学校、工作单位里，比自己入学、入职早的人是自己的前辈，反之，比自己晚的人则是自己的后辈。在日常生活中，在言谈举止方面，后辈要注意保持对前辈的尊重。——译者注

呼并妥善接待了这位顾客，这位顾客满心欢喜地购买了商品后离开了店铺。

在同一家店里销售相同的商品，我与"金牌销售员"到底有什么不同呢？ 出于这样的疑问，我开始有意识地倾听金牌销售员待客时所使用的语言。利用坐电车回家的时间、休息时间，我会将金牌销售员使用的待客语言记录下来。我还会有意识地将这些语言应用到自己的待客服务工作中。慢慢地我就有了一定的心得："原来采用这个说法，顾客的反应是不同的。"以后，我逐渐对招呼顾客不再感到抵触，能够毫不犹豫地招呼顾客，为顾客推荐适合顾客的商品。

最令我高兴的是，顾客开始信任我，树立了"希望从你这里购买"的信任感，很多顾客还多次来店购物。结果，我所供职的那家服装店取得了最高的销售业绩。

这本书就是我为那些像我当时一样在卖场为各种烦恼所困扰的人所写的。**只要稍微改变一下待客语言，您就能成为金牌销售员。**

例如：

"降价了。"

"没有库存了，只有这些了。"

"只有最后这一件了。"

这些都是人们在卖场经常听到的说法。然而，实际上，金牌销售员基本不使用这样的说法。

在本书中，我会将"普通销售员经常使用，而金牌销售员极少使用的说法"作为 NG（Not Good，不好）话术列出来，对列为 NG 话术的理由以及这些说法的逻辑加以说明的同时，还会阐述如何将这些 NG 话术转变为 OK 话术的方法。这些 OK 话术都是我通过自己的研究获得的、销售员立刻就能在卖场上使用的说法。

作为一名销售员，除了服装店，我还曾经在经营家具、室内装饰和杂货的店铺从事过待客服务工作。作为培训讲师，我还有为不同行业的人士举办培训班的经验。所以，我写下这部书，希望能够为尽可能多的行业的人们带来帮助。

如果这部书能够在帮助各位向顾客推荐符合其需求的商品、提高销售业绩、为顾客提供舒适的购物体验等方面有所裨益，我会感到荣幸之至。

平山枝美

目录
CONTENTS

第 1 章

开口"叫卖"并不难

01 "欢迎光临！请随便看看！"的叫卖声会令顾客感到不快？／003

02 "非常划算！"的说法不是万能的／009

03 不被顾客讨厌的"招呼"顾客的时机／015

04 "如果您不介意的话"的表达令人很介意吗?!／021

05 招呼双人顾客超简单！／027

06 选择要招呼的顾客时不要太挑剔／033

Column 1　推介商品的是销售员，决定购买与否的是顾客／039

第 2 章

避免做出难以回答的询问

07 不能仅凭顾客的外表来判断其喜好／043

08 "是一位什么样的人士呢？"之类的询问难以回答／049

09 顾客对"您是在寻找○○吗？"的询问无法作答的理由／055

10 不连续做出毫无意义的询问／061

11 不问顾客"我拿过来，好吗？"／067

Column 2　怎样做才能增加我们的顾客？／073

第 3 章

吸引顾客的商品解说

12 令顾客感到不安的后缀——"我认为○○"／077

13 留意容易引起误解的固定说法／083

14 "我也买了"这一信息的正确传递方式／089

15 对于与竞争对手店内商品的不同之处加以说明 / 095

16 与顾客的交流不止步于"没有库存了,只有这些了"的表达 / 101

17 留意不过分使用"没有没有"的说法 / 107

18 令顾客产生共鸣的秘诀 / 112

19 不产生销售业绩的闲聊没有意义 / 118

Column 3　针对不同性别的顾客,采用不同的商品解说方式 / 124

第 4 章

以具有决定性的表达加强攻势

20 为什么仅仅强调"现在非常畅销"不能起到决定性作用 / 129

21 采用"只剩最后这一件了"的说法要看时机 / 135

22 向顾客追加推荐商品的要领 / 141

23 向顾客同伴借力的方法 / 147

24 从顾客的动作读取其内心想法 / 153

25 对顾客的"只有这个了，对吧？"询问的应对方法 / 159

26 在收银台把握拉近与顾客关系的机会 / 165

27 如何向顾客推荐积分卡将顾客发展成会员？/ 171

28 不把送客变成"倒添麻烦的好意" / 177

29 令顾客感到愉悦的夸奖方法 / 183

Column 4　使用"卡片"时，把握称呼顾客名字的机会 / 188

第 5 章

始终需要坚持的待客的基础

30 展示吸引顾客的表情 / 193

31 随时准备招呼顾客的姿态令顾客敬而远之 / 198

32 把卖场的商品摆整齐，顾客反而会讨厌？/ 204

33 僵硬的敬语会令顾客敬而远之？/ 210

34 关门五分钟之前是黄金时间 / 216

后　　记　销售是一份具有创造性的工作 / 223

第 1 章

开口"叫卖"并不难

01 "欢迎光临！请随便看看！"的叫卖声会令顾客感到不快？

我们第一次在店铺负责接待工作时，前辈、店长都会指导我们说："在店里等待顾客的时候，一定要满面笑容、充满激情地大声叫卖。"店员这样做的目的在于通过展示活力十足的精神面貌，大声进行叫卖，吸引顾客进店。然而，店员大声叫卖了，顾客却拒绝进店。想必有人对这样的情况感到困惑不解。

• 为什么顾客听到叫卖声会逃走？

下面是我被调动到某个商业中心内的店铺工作时的一段经历。当时，那家店铺顾客稀少，冷冷清清。赶上天气不好的时候，一个小时从店前经过的人只有一两个。"店员比顾客还多！"店员们都会禁不住发出这样的感慨。那家店是一家新店，销售目标颇高。所以，我们必须千方百计招呼顾客进店，提高销售额。当时，我们一边竭尽全力地大声叫卖，一边满面笑容地投入店内的工作。

那时，我们认为拼命地大声叫卖，顾客就会进店，于是安静的店内回荡着我们声嘶力竭的叫卖声。我们所得到的回报只是经过店前的顾客向我们这边瞟一眼而已。偶尔与顾客目光相遇，我们一展示笑容，顾客就会把目光移开。顾客完全是一副看到了不好的东西的表情。这种情形不禁令我们感到难过。

- **竭尽全力的态度却产生了反作用**

如果我们大声叫卖，顾客就会进到店里来，现实情况未必如此。 叫卖的目的在于营造热闹的气氛。然而，如果在一个生意冷清的商业中心里，仅仅是回荡着来自一家店铺某位店员的叫卖声，这反而会突出冷清的气氛，适得其反。

顾客会灵敏地捕捉到这样的气氛。听到我们竭尽全力的叫卖声，顾客一定感受到我们拼命发出的这样的信息："顾客太少，我们很痛苦，请您进店买些东西吧！"事到如今我们可以笑着说："那种进去就要买些什么，如果什么都不买就会感到尴尬的店铺真是令人望而却步呀。"彼时，我们不懂这个道理。

叫卖并不是没有意义的。

在百货店地下的食品区，各个店铺的店员一起进行叫卖，可以营造热闹、活跃的气氛。叫卖能够有效地为人员密集场所增添活力。即使我们是在服装店、杂货店工作，在顾客相对较多的周末、节假日、圣诞节前的优惠促销活动期间，也需要面向顾客大声叫卖。

● 为顾客提供"有价值的"信息

我们想要为顾客营造轻松的进店气氛，仅仅大声叫卖是不够的，对叫卖的内容进行斟酌也具有重要意义。

"欢迎光临！请随便看看！"

这是两句各位熟悉的标准的叫卖用语。不过，这个叫卖用语有时会对顾客造成压迫感。这是来自销售员的单方面的语言，由于过于频繁被使用的缘故，有的时候甚至会令听到的顾客感到不快。

我们在为了招呼顾客进店而进行叫卖的时候，选择顾客想要竖起耳朵倾听的，令顾客感到有价值的内容比较好。比如，听到面包店传来的"面包出炉啦"的叫卖声，顾客会不由自主地回头巡视。这是一句会使顾客产生"赶快去买刚出炉的热腾腾的面包"的想法的叫卖，具有吸引顾客进店的作用。

如同面包店可以传递这样的信息一样，我们可以根据自家店铺的情况，传递自家的优惠信息。当然，零碎的信息也没有问题。

"之前售罄的○○又到货啦！"

"我们提供母亲节礼物的包装服务！"

"购买两件以上享受九折优惠！"

通过传递这样的具体内容，可以更容易招呼顾客进入店铺。在促销期，我们使用"现在试衣间可用""不用在收银台排队，在这里就可结账"等说法，强调自家店铺没有其他店铺内部那样拥挤，也能够发挥吸引顾客进店的作用。

在一家店铺，我们进行了上述那样的叫卖试验。听到我们的叫卖声，顾客们在店前放缓了脚步，实际进店的顾客数量达到以往的1.5倍之多。"哎，好像降价了"，同行的朋友之间一边做着这样的交流，一边步入店铺的情况也越来越多。

对于销售员的叫卖内容，顾客貌似根本没有听，实际上是在仔细倾听。

想要叫卖产生效果，我们需要在叫卖的同时做出自然的动作。也就是说，我们要如同发挥全身的能量，驱动空气一般地一边整理商品，一边等候顾客的到来。之所以说"销售员接待顾客的情景会吸引新的顾客进店"，那是因为人员自然而然地行动的环境已经营造好了。

　　我们想要吸引顾客进店,仅仅进行大声叫卖是不够的,对叫卖的内容进行斟酌也具有重要意义。销售员如果能够一边干劲十足地投入工作,一边用叫卖声吸引顾客,进店率就会有提升。

对叫卖内容进行斟酌

NG "欢迎光临！请随便看看！"

这是一个令顾客在进店之前不由得产生"进店后看什么呀？"的疑惑的说法。顾客对这个说法不会产生兴趣。销售员需要对叫卖内容进行斟酌。

OK "之前售罄的○○又到货啦！"
"我们提供免费包装服务！"

这是两个令顾客不由得想要倾听的说法。叫卖声如果"牵动人们的兴趣，令人们产生进店欲望"，进店顾客的数量就会增加。

02 "非常划算！"的说法不是万能的

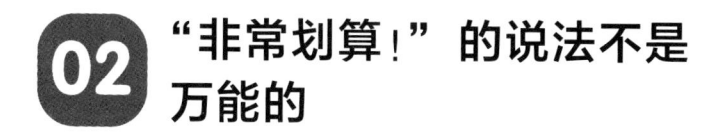

"现在购买，非常划算！"

这是一句标准的叫卖用语，人们在促销期经常会使用。这是意图通过强调商品价格的低廉引起顾客共鸣的说法。原本我们认为这样的说法会令顾客感到愉悦，然而实际上几乎没有得到任何好的反应。顾客是为了购物参加促销活动的，为什么我们这样的叫卖没有什么效果呢？

- **置身于促销期，为什么只有我的商品卖不出去呢？**

下面，我给各位讲一段我第一次参加夏季促销活动时的经历。那时我还算是个新员工。

"到时许多顾客会来到店里，真的会特别忙。各位一定要加油哈！"受到前辈如此的激励，我感到相当紧张，以至于前一天晚上没能睡好，早上上班前化妆时拼命地遮盖黑眼圈。那情形至今我仍清楚地记得。

总之，我要努力对顾客强调商品价格的低廉。这样，顾客肯定会购买的。怀着这样的想法，我面向每一位顾客都会说："**现在购买，非常划算！**""**很便宜呀！**" 当时，我觉得自己从没有向如此多的顾客叫卖过，一定能够获得远超以往的业绩。然而，直到傍晚来临，我什么也没能卖出去。不要说卖掉商品，我根本就没能和顾客形成真正的交流。我对于卖不掉商品的情况感到焦虑，之后的业绩依旧惨淡，就这样狼狈地度过了促销活动期。

发生了这样的事之后，我对于销售产生了心理阴影。其他同事销售业绩那么好，为什么只有自己不行？我从与朋友的不经意的对话中找到了答案。

- **有些人对于"以低廉的价格购买商品"会感到难为情**

有一次，我夸奖朋友随身携带的东西好时，朋友说"这可是打折品"。我回答道"打折品也没什么不好的呀"。但是，通过这次经历，我明白了：**有些人对于"以低廉的价格购买商品"会感到难为情**。所以，顾客拿起商品时，如果我们喋喋不休地对顾客说"很便宜呀！""非常划算呀！"，顾客或许会感到不舒服。顾客有可能会想："我可不是只是因为便宜才拿起这件商品的。"

• 使用"便宜"以外的语言把"划算的感觉"传递给顾客

"便宜确实吸引人,但是,被过分强调,会令人不快。"
我们需要对促销期的接近顾客话术进行斟酌。

首先,我们在促销期也要坚持接待顾客时的基本原则。使用充满激情、清晰、镇定沉着的声音接待顾客。在此基础上,针对商品的特点,简单易懂地对顾客展开说明。**比如,运用"这个手感很好吧""这个颜色很漂亮吧"之类的能够引起顾客共鸣的语言来接待顾客。**

置身于促销期,我们在上述表达的基础上,可以不刻意地展示一下商品价格的低廉。对于顾客而言,即使不会只是因为商品价格便宜就购买,价格便宜确实也是具有相当大的魅力的。如果我们不采用直截了当的表达方式,但又能将"可以获得优惠的感觉"传递给顾客,顾客就会感到愉悦。

比如,"**这是经典商品,可以长期使用**""**在春季款(秋季款)里,也有类似的设计**"等表达就不错。在促销期,顾客担心的是出于便宜而一时兴起买回的东西,没过多久就可能会闲置不用。如果我们使用上述的表达帮助顾客消除这样的担心，顾客可能会认为"这个人说的话靠谱儿"。

- 用"自己的经验之谈"牢牢抓住顾客的心

要想做到能够给顾客讲述"自己的经验之谈"，各位需要参与实践。也就是说，需要不断对自己购买打折品的"获益"体验和"受损"体验进行积累。然后，可以基于自己的体验总结出下面这样的接近顾客话术。

经验 "虽然已是四月，有时也会感到很冷，所以又把暖炉拿了出来。"
话术 "暖炉体型小巧，不怎么占地方哈。"

经验 "颜色很稳重，和新买的春季款的高跟鞋很搭。"
话术 "与春季款的高跟鞋珠联璧合。"

像这样，针对使用时间较短的商品，将自己购买后的好的心得传递给顾客，也可以抓住顾客的心。如果感觉自己的体验具有局限性，我们也可以借鉴家人、朋友等身边的人的经验。

实际上，当我对顾客说"这件衣服可以一直穿到春天哈"的时候，一些顾客做出了"是吗？太好啦！"的反应。我们帮助顾客消除了对于可能造成浪费的担心，顾客购买商品的心理障碍就会大幅降低。仅仅斟酌一下接近顾客话术，就可以对顾客的内心产生重大的影响。敬请各位一定要加以有效利用。

不使用"非常划算！""很便宜呀！"等直截了当的表达，使用注重传递隐藏在廉价背后的好处的待客语言，在促销期对于业绩提升更有效。越是在顾客众多、工作繁忙的时候，对于能够抓住顾客内心的说法的思考和使用就越发重要。

使用"便宜"以外的表达把"划算的感觉"传递给顾客

NG "非常划算呀!""降价啦!"

价格便宜确实吸引人,但是对于廉价的直截了当的表达会令人产生反感,有时会令顾客产生"便宜货,不能买"的想法。

OK "一直到○○(季节)之前,都可以方便地使用呀!""因为是经典商品,明年也可以穿。"

许多顾客认为促销期的冲动购物非常危险。销售员要注重消除顾客对"价格便宜=马上就会闲置不用"情况的担心。使用"便宜"以外的表达把"划算的感觉"传递给顾客,可以降低顾客购买商品的心理障碍。

03 不被顾客讨厌的"招呼"顾客的时机

对于刚刚开始从事接待工作的销售员来说,开口招呼顾客是首先要突破的难关。在我们左思右想"会不会被顾客讨厌呢""顾客会有什么样反应呢"的时候,可能已经错失招呼顾客的时机。首先,我们需要把握令顾客感到舒服的开口招呼顾客的时机。

● 终于"开口招呼"顾客了

我第一次站在店里从事待客工作是正式入职前做实习生的时候。当时,根据公司的决定,我将从当年 4 月开始正式入职。去店里从事待客工作的前一天,我相当紧张以至难以入眠。那时的情形至今仍记忆犹新。实际上,我虽然申请了销售员的岗位,自己却是个容易认生的人。不擅长与人交流,完全不懂应该对对方说些什么才好。所以,我充满了对"在店里无法和顾客展开交流"的情况的担心。

第一次站在店里的那天,和预想的一样,我一直处于不安之中。第一天、第二天我都没敢招呼顾客。我尽管一直用目光追踪着顾客，却完全无法采取进一步的行动。"顾客如果像这样把商品拿在手上，就去上前打招呼哈。"听了店长这样的指导之后，我费了九牛二虎之力，终于敢接近顾客了。顾客进店后，拿起商品的时候，我会在内心里想"现在行动！"并小跑来到顾客身边。可是，看到我的样子，顾客大都露出惊异的表情，然后把商品放回原处。有时，我发现顾客的时机比较晚，在顾客已经把商品放回原处时才打招呼。

如此这般，刚开始最多只是我单方面地说出"很可爱吧"，真正和顾客形成对话是两周以后的事了。在那之前，我每天的上班时间都是怀着想哭的心情，在"今天能否真正和顾客形成对话呢"的惴惴不安的低落情绪之中度过的。

- "不惧失败，从容行事"是重点

我们招呼顾客的时候是需要勇气的。在招呼顾客的时候，越是观察，越是容易陷入这样的负螺旋，即"什么时候招呼顾客，反应都不会好"→"出于对不好反应的担心，会陷入过度思考"→"由于时机不好，顾客的反应不会好"。于是，对我们而言，招呼顾客会变得越来越困难。

"顾客如果把商品拿在手上，就去上前打招呼"这句话的含义是，顾客对商品的兴趣上升的时候，与顾客打招呼，与其**产生共鸣**。这句话说得相当有道理。但是，我们有时会因为陷入过度思考，而错失招呼顾客的时机。如果我们错过了顾客拿起商品的瞬间，就会越来越搞不清应该招呼顾客的时机。

要想摆脱这种状态，**首先要不惧失败，按照自己的方式抓住时机非常重要。**

• 自然地、安静地从"旁边"接近顾客

在开口招呼顾客的时候，要想引起顾客的注意，首先我们所站立的位置至关重要。跟在进店顾客的后面，或者从正面接近顾客，都会吓到顾客。**我们需要事先安静地来到顾客旁边接近顾客的位置。**此时作为销售员的我们身处一个能够让顾客意识到我们存在的位置，彼此之间都可以很好地把握距离感。

这样，我们在顾客附近整理商品，对顾客的观察也会变得更为容易。我们就可以从容地去践行"顾客如果把商品拿在手上，就去上前打招呼"。顾客看到销售员就在附近，也会做好"或许过一会儿，这位销售员会向自己打招呼"的思想准备。

- **顾客拿起商品时，销售员要等"三秒"**

下一个难关是，顾客一旦拿起商品，我们需要采取什么行动。

看到顾客拿起商品，我们就立刻打招呼，顾客会把商品放回货架。这样的情况并不少见。

所以，当看到顾客拿起商品时，我们首先在心里做深呼吸。深呼吸大概做三至五秒。顾客把商品拿在手上的时间越长，表示顾客对商品的兴趣越大。

我们需要注意不是在"顾客拿起商品时就立即打招呼"，而是在"**顾客拿起商品三秒之后再打招呼**"，此时，顾客的反应也会变得比较柔和。

如果，在我们深呼吸三秒的时候，顾客将商品放回了原处，可以认为顾客对这件商品没有什么强烈的兴趣。这或许也可以说是一个不接受接待的信号。与其勉强地招呼顾客，不如等待顾客拿起其他商品的时机更好。

按照自己的方式不断试错，我们会在不知不觉之中发现自己已经能够面向众多顾客开口打招呼了。一开始，由于顾客反应冷淡，我们可能会产生挫败感。然而，一旦我们找到适合自己的方法,顾客就会变得乐于倾听我们的讲解。

我们虽然在大脑中想着"顾客拿起商品时,就招呼顾客",但是有时行动会脱节。为解决这样的问题,我们需要不只是用大脑,而是用整个身体牢记积极招呼顾客的意识。以此为前提,请各位加入"顾客进入店内,我们从旁边接近顾客""顾客拿起商品三秒之后,我们向顾客打招呼"的尝试吧。

不被顾客讨厌的"招呼"顾客的时机

NG （小跑接近顾客）
顾客刚拿起商品，就立刻打招呼

如果只是用大脑记住"顾客拿起商品的时候，就打招呼"，会产生不自然的行为。如此，顾客不能静下心来观察商品。

OK （事先安静地接近）
发现顾客拿起商品，做深呼吸之后再打招呼

如果销售员事先安静地接近顾客，顾客也会做好心理准备。销售员感到顾客对商品有兴趣，就上前打招呼。如果顾客拿起商品又马上放回了原处，销售员不必勉强招呼顾客。

04 "如果您不介意的话"的表达令人很介意吗?!

接待顾客的第一道难关就是初次接近。**第一印象是决定我们与顾客的对话能否持续的关键所在**。因此，由于不能恰当地把握初次接近的做法，在待客工作中遭遇挫折的人比较多。

作为造成待客工作失败的因素，我在前面曾经列举了站立位置不好、时机过早等内容。在此，请各位务必对"初次接近"加以思考。

例如，在服装店里如果还在使用下列的接近顾客话术，我们或许需要对这些话术做出调整。

①如果您不介意的话，可以拿在手上看一看。
②如果您不介意的话，可以试穿一下。
③如果您不介意的话，这边有镜子。

想必在其他行业也有类似的委婉说法。虽说这些都是接待顾客时最为常用的标准说法，但是对于这些说法，顾客真实的感受如何呢？

- **感到耳朵疼是"顾客的心声"**

　　我在面向完全没有待客经验的新人举办培训班时，总是会向参加培训的学员们提出这样的问题。那就是，"各位在接受待客服务时，感到销售员方面有什么问题吗？"，学员们常常会反馈一些有关接近顾客话术的问题。

　　比如，自己明明已经把商品拿在手上了，销售员还会说"请拿在手上看看吧"。当被销售员告知"可以试穿"的时候，自己会想："难道有不能试穿的服装店？""照镜子之前，我还想查看一下商品。"由于这些想法与顾客的感想相当接近，对于待客工作具有参考意义。想必顾客听到上面的说法，耳朵会很疼……

　　确实，销售员使用上述的说法招呼顾客时，许多顾客或者"暧昧地点点头"或者"完全无视"，一些顾客甚至"离店而去"。

　　顾客为什么会做出这样的反应呢？原因在于销售员使用了单方面的强制行动的说法。

　　在促成顾客采取购买行为的语言中，人们常常会使用"如果您不介意的话"的委婉说法。这句话的含意是"作为顾客的您认为可以的话",对于强制的印象具有缓和作用。可是,仅从刚刚介绍的参加培训班学员们的意见来看,结果非常遗憾,这样的说法并没有什么效果。或许"不要用'如果您不介意的话'之类的说法来敷衍我,再好好观察一下我的行为,情商高一点好吗"才是顾客对于销售员的初次接近做出的反应。

• 在观察顾客的"外表""行为"的基础上接近顾客

那么,我们应该如何招呼顾客呢?如果我们使用贴合顾客想法的接近顾客话术,接近顾客时就会令顾客感到舒服。**贴近顾客的说法源于对顾客外表、行为的观察。**

顾客进入店铺之后,我们通过对顾客的自然的观察,可以获得许多发现。在结合这些发现的基础上,就能产生恰当的接近顾客话术。

发现①一边把裙子在身上比画,一边盯着脚下。或许是在意裙摆的长度吧

话术①"长度刚好盖过膝盖哈"

发现②正在用手按压沙发。或许正在确认坐上去的舒适性吧

话术②"软硬度适中哈"

如此，**如果我们使用贴近顾客行为的说法，想必顾客会比较容易接受我们的接待服务。**那些以往只是暧昧地点点头应付了事的顾客中的不少人也会发出"啊？""是吗？"的声音，愿意与我们进行对话。

• 将"接近顾客话术"记录下来

对于接近顾客话术而言，发现至关重要。但是，或许有些销售员在事到临头的时候，由于考虑过多而无法发声。

我建议这样的销售员可以事先构建一个"**接近顾客话术库**"。

我们将顾客的行为以及相应的招呼说法写入笔记本电脑、手机的备忘录即可。我们可以在下班后坐电车的时候，一边回忆一天的经历一边书写。

比如，针对选择颜色时犹豫不决的顾客，我们可以在备忘录中写下"哪种颜色都不错哈"之类的自己独有的接近顾客

话术。第二天在店里如果遇到对颜色比较纠结的顾客，我们可以付诸实践。

一下子就能想出恰当说法的人还是比较少见的。**我们只有通过日积月累，才能在关键时刻做出恰当的表达。**

出于在说法上加入"如果您不介意的话"的表达可以给顾客留下恭敬印象的思维，我们常常无视顾客感受地使用这种做法。这是一种特别令人可惜的滥用。我们如果能够贴合每一位顾客的感受，认真地进行应对，就可以大幅提升顾客对我们的第一印象。

不滥用"如果您不介意的话"的表达

NG "如果您不介意的话,这边有镜子。"

顾客会产生自己被人强制要求使用镜子的感觉。在说法中加上"如果您不介意的话"的表达未必就一定好。

OK "长度刚好到膝盖哈。"
"软硬度刚好哈。"

在对顾客的想法加以想象的基础上选择适当的说法,激发顾客的兴趣,很自然地为顾客解说商品。穷于表达的人可以用"请"代替"如果您不介意的话"。

05 招呼双人顾客超简单！

光顾店铺的顾客可以说是各种各样。既有下班之后或者约会时间未到之前一个人来到店里的顾客，也有父母子女、朋友、夫妇等结伴而来的顾客。很多人对于在店里招呼双人顾客和其他结伴而来的顾客感到很棘手。然而，我们稍稍开动脑筋思考一下就知道这并没有那么困难。

● 实际上招呼双人顾客超容易

我最初担任店长的店铺位于某个游览景区内的购物中心里，来店的几乎都是结伴而来的顾客。之前我都是在位于车站附近的百货店里工作，到店的不少都是单独的顾客。刚刚调到这家店工作的时候，我对于怎样招呼结伴而来的顾客才好感到非常困惑。在新店里，顾客们会有说有笑地拿起商品观察。遇到这样的情景，我心想"别人正在交谈，自己插话进去很不好呀"，就只是远远地看着他们。

某一天，一对情侣走进店来。二人手中拿着商品，就那样聊了很长时间。我焦虑地观察着他们，就在我心想"应该上前招呼一下吧"的同时，二人放下手中的商品走出了店铺。"这次又没能够打招呼！"我不由得感到遗憾。恰在此时，从隔壁店铺传来了欢快的笑声。我一边想着"隔壁店铺总是那么热闹"，一边向那家店铺望去。突然发现，刚刚光顾我的店、我没来得及打招呼的那对情侣和旁边店的店长聊得正欢。我自以为难以插话进去的那对情侣正与别人有说有笑。这位店长是怎样加入到那对情侣的对话中的呢？我感到不可思议。

• 以应对顾客对话的方式接近顾客

　　一些销售员"认为初次接近双人顾客很难的最大理由在于觉得自己会很碍事"。所以，即使相当在意二人的对话，也会选择不插话进去。

　　然而，实际上相比于接近单独的顾客，接近双人顾客的时候更容易找到共鸣话术，更容易消除与顾客之间的障碍。把握要领，积极地向双人顾客打招呼吧。

　　双人顾客来到店里的时候，站在距离他们 1.5—2 米的地方了解他们对话的内容。我们一边整理商品一边倾听他们的对话，就能够捕捉到接近他们时可以利用的信息。结伴而来的顾客常常会一边围绕难以向销售员询问的内心想法展开对话，一边观察商品。所以，对我们而言，把握顾客的需求其实很容易。

根据顾客之间的对话，我们这样实施初步接近。

对话　"哎，哪种颜色比较好？"
话术　"哪种颜色都很好哈。"

对话　"啊，一直在找这个。"
话术　"这个不常见吧。您一直在找这个吗？"

如此，如果我们选择能够应对顾客之间对话内容的说法，顾客可能会回答"对呀，是这样的"。

- **为避免顾客产生被"偷听"的感觉而进行语言上的强化**

我们在采取这样的方式接近顾客的时候，有两点需要引起注意。

第一点，**不是从顾客的背后，而是从顾客的旁边向顾客打**

招呼。对于接待双人顾客感到有抵触的人士，往往会一边想着"不应该妨碍他们"一边悄悄地从双人顾客背后向他们打招呼。然而，沉浸在对话中的顾客通常觉察不到我们的存在。所以，我们需要用洪亮的声音，从顾客旁边向顾客打招呼。

第二点，**在打招呼之后，加上"对不起，自己无意中听到了"这样的表达**。我们提及顾客之间对话内容的时候，对方有可能会认为自己被别人偷听了。我们需要以"对于各位对话的内容，我也禁不住产生了共鸣"的心情，向对方表达"非常抱歉！打断各位的对话！"，如此，想必即便是吓了一跳的顾客也会一边浮现不好意思的微笑，一边表示接受我们的接待服务。

下面，我给各位讲一讲前面提到的位于我们店铺隔壁那家店铺的事。那天，在休息室里我遇到了隔壁店铺的店长，向他询问了一下他招呼那对情侣顾客的情况。于是，店长愉快地给我讲述了前后的过程。

看到女士手中拿着的大衣，男士说："不久前不是刚刚买过相同的吗？"听了这样的话，店长立刻招呼道："**自己喜欢的东西，多少件都想要哈。**"看到店长站在自己这边，女士附和道："对呀对呀，您也是这么想的哈。"店长问道："**二位总是一起购物吗？**"之后，便开始与顾客闲聊，拉近了彼此的关系。

那之前,我每每遇到关系密切的情侣顾客时,都会保持敬而远之的态度。然而,听了店长的话,我感到"店长主动加入这对情侣的对话,已经成了这对情侣的一段美好回忆"。从那以后,我对于招呼情侣顾客也不再有任何犹豫了。

不少销售员看到双人顾客、结伴而来的顾客,不由得会采取敬而远之的态度。可是,站在这样的顾客附近,**倾听顾客的对话,以正确的方式招呼顾客是能够给顾客带来愉悦的**。首先,我们需要关注顾客之间的对话内容。

招呼双人顾客超简单

NG （考虑到在别人高兴的时候，不应该妨碍他们）
不招呼双人顾客

由于"在别人高兴的时候，不应该妨碍他们"的想法很强烈，销售员会回避与顾客打招呼。销售员还在做各种各样的思考，顾客却已在不知不觉中离店而去了。

OK 重复顾客之间对话的内容

倾听顾客之间的对话，可以把握顾客的内心想法。将顾客之间对话中的说法，运用于实施初次接近时的话术中。以销售员下决心跳入双人顾客的圈子为起点，待客服务正式开始。

06 选择要招呼的顾客时不要太挑剔

近年,在各种各样的商业中心里不断有新店开业。在这种形势下,在狭窄的区域内,店铺之间争夺顾客的竞争愈演愈烈。相比于过去,人员的流动趋势发生了变化,一些人会感叹:"过去那么多的顾客都去哪里啦?"顾客的数量减少了是不争的事实,然而尽管如此,有一些店铺却实现了获客的增加。那么,这样的店铺是通过怎样的努力做到这一点的呢?

- 一位成功提升了进店率的新人销售员的行为

有一家位于街边的经营女性饰品的店铺,该店长期为进店率的低迷问题所困扰。店铺受到建筑结构上的限制,店门狭小,从店前经过的人们极少会进到店里。偶尔经过店前的顾客只是向店内瞟上一眼而已,完全没有想要进店的迹象。针对这种情况,销售员们的心已经死了一半。然而,伴随一位新人销售员的到来,情况发生了逆转。进店顾客的数量开始呈现上升趋势。

虽然这位销售员只是刚入行没有多久的新人，**但是他会主动地向每一位顾客打招呼**。他每天的工作是从一边手拿扫帚扫地，一边向周边的人们打招呼"早上好！注意脚下安全哈！"开始的。从店里透过橱窗看到有人从店前走过时，他就会积极地招呼顾客进店："店里还有类似的商品，您来都来了，请进店里看一看再走吧！"在炎热的夏日，看到用毛巾擦拭头上汗水的顾客时，他会招呼顾客："店里很凉快哈。"在严寒的冬日，他会招呼顾客："店里很暖和哈。"他甚至面对不可能成为目标顾客的六十多岁的大叔也会打招呼。

最初的时候，其他销售员认为"向那些根本不会购买店里商品的顾客打招呼"很愚蠢而嘲笑这位销售员。实际上，顾客没有购买任何商品，他努力的结果止步于闲聊的情况也是有的。不过，几周以后，情况慢慢地发生了变化。

有一天，一位稍微上了些年纪的男性带着他的夫人来到店里。原来，这位销售员曾经在这位男性手拿毛巾擦汗经过店前时，向他打过招呼。那位夫人说："虽然经常从店前经过，但是对于进店总是有些抵触。不过，听我丈夫说这里有特别热情的店员，所以今天就和他一起来了。"后来，有顾客看到在店里销售员与顾客闲聊的情景，就放松心情走进店里。再后来，有顾客进入店里问道："我还是很喜欢橱窗里的那件商品，不知还有没有？"

至于刚调来的新人销售员的行为，貌似没有什么效果，实际上这是在为将来有购买目的的顾客来到店里做准备工作。在这位销售员到来之前，一天到店的顾客不足十位。后来，这家狭窄的小店成了人头攒动的热闹店铺。

• 进店率的高低取决于自己的努力

对于我刚刚讲的事情，不知各位有什么看法。想必有人会认为"这种梦幻般的事怎么可能有"。然而，在这里，我想要表达的是"进店率的高低取决于自己的努力"。

进店率的高低与卖场的布置方法（商品的配置与展示）也有重大关系。但是，在这里，我想只从待客的角度进行阐述。**顾客进店率高的店铺会在营造顾客轻松的进店气氛方面积极做出努力。**例如，他们会对等待顾客光临时的工作状态做出调整，充分利用 SNS 和博客来吸引顾客到店。他们每天都会反省自己"今天是否细心周到地招呼了每一位进店顾客"，不断地努力。

要想做到细心周到地招呼每一位顾客，看似简单其实非常困难。如果各位正在为进店顾客太少的问题所困扰，我建议各位有意识地确认一下是否有被自己看漏的顾客，比如"异性顾客""与目标顾客年龄不符的顾客""与目标顾客喜好迥异的顾客"等。遇到这样的顾客，我们常常会为需不需要打招呼而犹豫不决。

• 面对与目标顾客喜好迥异的顾客也要打招呼

我自己也曾经怀着"总觉得有点难以接近""这位顾客不太可能买"的想法，回避与这样的顾客打招呼。有一天，一位显然不是回头客的、穿着"哥特式洛丽塔洋装"的顾客主动问我："过几天，我要去拜访未婚夫的家人，可是不知应该穿什么才好。"话语间流露着不安。我回答道"那就交给我吧"，就从头到脚为这个顾客选择了全套的服饰。通过那位顾客主动向我咨询的经历，我明白了**或许越是另类的顾客，越是需要我们的待客服务**。从那以后，我无论遇到什么样的顾客，都会积极地打招呼。

另外，**有顾客的店铺，比较容易吸引其他顾客进店**。

当我们看到"只是来踩点儿"的、不会把商品拿在手上观察的顾客，我建议各位主动上前和他们闲聊两句。

看到手拿湿雨伞的顾客，我们可以问："现在在下雨吗？"

看到拿着大件行李的顾客，我们可以问："行李好像很重啊，您是要出远门吗？"我们与这样的顾客进行闲聊的目的在于吸引其他顾客进店，所以不一定需要做商品的推介。其他顾客看到我们与顾客在店内闲聊的情景进而走进店来的时候，我们再去接待新来的顾客。如此这般持续下去，在不知不觉中店里就会变得热闹起来。当然，我们只能与时间比较宽裕的顾客进行闲聊。我认为这样的闲聊具有尝试的价值。

"在同一个购物中心里也有和我们类似的店，我们的进店率低是没有办法的。"各位是否发出过这样的绝望的叹息呢？前面提到的那位新人销售员通过自己的行动将一个原本选址不佳的店铺变成了一个生意兴隆的店铺。所以，各位只要从点点滴滴的小事做起，扎扎实实地努力实践，就一定能够提高进店率，为店铺获得更多的粉丝。

对叫卖内容进行斟酌

NG 对顾客做选择
（不向目标顾客以外的顾客打招呼）

遇到不熟悉的顾客，销售员对于是否需要接近顾客犹豫不决。长此以往，或许会损失许多待客的机会。

OK 招呼顾客时，对顾客不做选择
（面对目标顾客以外的顾客也打招呼）

要想提升进店率，就不能单方面地做出"这位顾客不会买"的判断，而是向每一位顾客打招呼。即使遇到踩点儿的顾客，可以通过闲聊增进与顾客的感情，促成其再次来店。

Column 1

推介商品的是销售员，决定购买与否的是顾客

被自己所喜爱的服装、家具、杂货等商品环绕的工作环境看起来光彩照人，令人愉悦。

然而，现实却是残酷的。想必销售员一直为"目标（任务）"所困扰。伴随"一定要把商品卖出去""一定不能辜负人们的期待"的思考，他们对于待客工作感到越来越大的压力。作为结果，不少人陷入自己是为了完成任务才让顾客购买商品的思维，罪恶感油然而生。

如果各位是基于这种思维站在卖场上的，那么可以思考一下"假设销售员的工作不一定是销售商品"的问题，看看能做出怎样的回答。

对于待客抱有罪恶感的人认为自己让别人购买了原本不需要的东西。然而，推介商品的是销售员，决定购买与否的是顾客。一般而言，顾客如果不喜欢销售员推介的商品，是会拒绝购买的。顾客之所以从各位手中购买了商品，既不是出于

"没有办法",也不是出于"同情"。

近来,想要倾听销售员的意见的顾客也比较多。有些顾客在对于是否购买犹豫不定的时候,需要有人从背后推一把。也就是说,对于能够传递专业的看法、提供推荐建议的销售员,顾客是抱有期待的。顾客是乐于从这样的销售员那里购买商品的。

如果我们将自己定位为"对顾客有用的人"而不是"促使顾客购买我们商品的人",我们就可以更加享受工作带来的乐趣。作为结果,销售业绩也会得到提升。

第 2 章

避免做出难以回答的询问

07 不能仅凭顾客的外表来判断其喜好

"今天您的洋装很搭啊。"

"您好像喜欢黑色,您觉得这个怎么样?"

这样的待客语言,我们在店里经常能够听到。对于销售员而言,为了推介完全符合顾客需求的商品,从顾客外表的着装和随身物品等推测顾客的喜好是非常重要的。**但是如果我们仅根据外表就做出判断,在意想不到的地方可能会造成与顾客的需求背道而驰。**

- "来店时的装束"未必就与"平时的装束"相同

下面给各位讲一段我在某个主题公园附近的一家店铺工作时的经历。一天,我看到一位顾客拿起单色披肩在手上观察,当时店里单色披肩共有五款。这位顾客身着一件浅粉色的、可爱的针织衫。

于是,我向这位顾客推荐道:"您在找披肩吧,这边也有很可爱的款式哈。"我在这位顾客面前展示了许多款她看来会喜欢的、感觉很可爱的披肩，有的还装饰有褶皱的荷叶边、彩带。

这位顾客虽然拿起几款看了看，却露出微妙的表情。最后，她还是选择了先前曾经拿在手上端详的颜色比较稳重的米色披肩。可以说，那款披肩与我推荐的款式风格迥异。

在收银的时候，我好奇地问道："您是在找米色的披肩吗？"这位顾客苦笑着告诉我："其实平时我大多穿黑色的或者米色的衣服。因为今天要去与赠送我这件针织衫的朋友会面，所以我是特意穿成这样的。"对于这个出乎意料的回答我感到惊讶的同时，在内心也后悔不已："如果早知道她想要颜色稳重的款式，店里还有那么多款都可以推荐给她呀！"

• 不简单地对"顾客的喜好"做出判断

各位也有本想为顾客推荐符合顾客需求的商品，却完全不被顾客待见的经历吧。如同刚刚讲述的我的经历那样，或许问题出在我们仅仅根据顾客的外表就对顾客的喜好做出了判断。

顾客的外表与顾客的需求未必一致。有时，我们仅仅从顾客的外表无法了解顾客的需求。 比如，有些顾客"虽然是老年人，却擅长使用电脑"，有些顾客"今天虽然没有化妆，但平时对化妆都是一丝不苟的"，这样的例子不胜枚举。也就是说，**我们只是通过片面的判断，无法把握顾客真正的喜好。**当然，我们需要根据外表做出判断，但是我们必须时时刻刻注意不能过于依赖基于外表的判断。

- 以询问"您平时也是○○吗？"开始展开与顾客的对话

　　我建议各位在询问顾客的喜好的时候使用"您平时也是○○吗？"的表达方式。看到背着很大的包的顾客在店里拿起一个小包观察的时候，我们可以询问："您平时经常使用小包吗？"看到身着西服套装的顾客在店里拿起一件休闲款针织剪裁衫的时候，我们可以询问："您平时喜欢穿休闲装吗？"如果是在经营床上用品等的家居用品店，我们有时可能不便使用"您平时也是○○吗？"这一说法。届时，根据顾客拿在手中观察的商品，我们可以联想一下，再询问："您的房间布置是自然风格吗？"

　　总而言之，我们需要努力把握顾客拿起某件商品的理由。如果我们得到"我现在缺一个旅行用的小包""平时我的穿着和上班时完全不一样""现在，我的房间布置是自然风格的，我想改成日式与西式融合的那种风格"等回答，就比较容易展开话题，能够向顾客推荐符合其需求的商品。

在这里，我再给各位讲一段向顾客推介披肩的经历。这段经历发生在前面介绍的经历之后。那天，一位身着黑色大衣、黑色裤子的顾客来到店里。乍一看，这位顾客好像对黑色情有独钟。

然而，我忽然想起上次发生在"今天偶尔穿着浅粉色衣服……"的顾客身上的事。我觉得这位顾客未必就喜欢黑色，就试着问道："平时您经常穿黑色衣服吗？"

听了我的提问，这位顾客回答说："我经常穿这件大衣，裤子也是黑色的比较多。所以，我也想给自己添一点色彩。"原来如此。当这位顾客脱掉大衣露出里面的红色针织衫时，我明白了她还是喜欢鲜艳颜色的。于是，我向她推荐了鲜艳的粉色、绿色披肩供她挑选。

在结账的时候，这位顾客高兴地说："可能是我经常穿黑色衣服的缘故，其他服装店里的销售员总是给我推荐黑色衣服。今天，你推荐给我颜色这么漂亮的款式，我真是太开心了！"恰恰是因为有了之前的失败经历，我这次才圆满接待了这位顾客，实在是备感高兴。当时的情景至今仍深深地留在我的记忆里。

对于接待顾客而言，销售员从顾客的外表推测顾客喜好具有重要意义。话虽如此，我们也不能针对顾客的喜好、烦恼等需求武断地做出判断。之所以这样，是因为我们过于依赖基于顾客外表的判断、推测，有可能会给顾客带来"我又不想要那样的东西""您该不会有什么误解吧"之类的不满和压力。

我们如果使用"平时也经常穿单色的衣服吗？"之类的"您平时也〇〇吗？"的说法，对顾客的需求认真地加以确认，就能够为顾客推荐最贴近其需求的商品。

不能仅凭顾客的外表来判断其喜好

NG （仅凭顾客外表就做出判断）
"亲爱的顾客，我把○○推荐给您。"

仅凭顾客外表就做出判断，有可能会造成将与顾客喜好迥异的商品强行推给顾客的局面。如果对初次来店的顾客采用这个说法，有可能会受到来自顾客的"你懂什么？"的反驳。

OK "您平时也○○吗？"
（"平时也经常穿单色衣服吗？"等）

这是一句基于"今天偶然是这样"的假设，询问"平时是什么样子"的说法。结果符合预期时，使用这种说法既能起到确认作用，又能向顾客展示认真的态度。可以防止顾客需求与销售员推荐商品不相符的情况发生。

08 "是一位什么样的人士呢？"之类的询问难以回答

每逢生日、圣诞节、欢送会，人们常常会购买礼物相赠。近来，不只是杂货店、百货店，越来越多的服装店和咖啡厅也开始经营可以用作礼物的小物件。想必各位经常接待选购礼物的顾客吧。**在向顾客推荐礼物时，我们需要从顾客那里获得有关收礼人的尽可能多的信息。**

- **模糊不清的询问只会令顾客感到困惑**

我曾经供职于一家服装店，这家服装店也经营众多款式的围巾和包。因此，每到圣诞节来临之前，从公司的圣诞晚会用的礼物到恋人之间互赠的礼物，需求非常旺盛。

一天，一位超过五十五岁不到六十岁的女性顾客走进店里。她告诉店里的一位二十多岁的后辈销售员自己想要买一件礼物，于是，我们一起帮她挑选。当时，我认为应该先认真询问顾客，在了解收礼人的情况之后，再向顾客推荐商品。

我就问道："收礼人是一位什么样的人士呢？平时穿什么

样的服装呢？"顾客自言自语："哎，什么样的人士？让我想想，平时的穿着嘛，有点说不清楚。"之后，她陷入了沉思。我继续提问，得到的回答基本如此。最终，她说："我好像也有点晕了，还是下回再来吧。"于是，她什么也没买就离开了店铺。

- **提出有助于顾客梳理思路的问题**

我自以为自己只是在推荐礼物之前做了必要的询问而已，顾客却感到困惑。这是为什么呢？

询问具有两种作用，一个是"从对方获取信息，了解真相"，另一个是"帮助对方梳理思路"。假如我们询问顾客："平时穿有花纹的衣服吗？"顾客可能会回忆起"收礼人平时穿格子衣服"，进而得出"平时穿有花纹的衣服"的结论。这样，我们就可以帮助顾客进行信息梳理。通过这样的梳理工作，我们可以明确收礼人的形象，使商品的挑选变得容易。

前面提到的顾客之所以陷入混乱，是因为我反复提出难以回答的问题。这位顾客想要回答自己也不知道答案的问题，头脑中各种信息交织在一起，整个人都蒙了。当被问及别人的喜好、平时的穿着的时候，很少有人能回答上来。对于年龄差比较大的人、性别不同的人而言，情况更是如此。所以，这样的顾客光临我们的店铺时，我们需要向顾客提出比较容易回答的问题。

● 做"是○○呢？还是□□呢？"之类的二选一式的提问

要想向顾客提出比较容易回答的问题，选择二选一式的提问方式比较有效。让顾客从两个选项中选择一个答案的提问方式被称为"封闭式提问"。

在刚才的事例中，如果我们将问题改为"平时穿的衣服里，颜色鲜艳的和颜色稳重的，哪种多一些？"的话，我们或许就能把握收礼人的形象。

此外，针对顾客的喜好，我们还可以向顾客提出"是喜欢日本酒呢，还是喜欢葡萄酒呢？""对于文具等，很讲究，还是不太讲究呢？"之类的二选一式的问题。

如果即便遇到这样的问题，顾客依旧感到难以回答，**我们为了把握收礼人的形象，可以采用向顾客展示具有对比性的两款商品的方法。**我们向顾客询问"这里有两款商品，看起来会更喜欢哪一款？"的话，彼此可以用视觉进行确认，避免产生对收礼人形象认识的偏差。

我建议各位通过协助朋友选购礼物，进行这种二选一式的提问练习。在挑选合适的店铺的同时，既可以询问朋友"收礼人的年龄""预算"等基础问题，也可以进一步询问"是你一个人送礼，还是大家联合起来一起送礼？（是否有必要体现大家的想法）""如果比作女演员，有点像〇〇，还是〇〇？（把握收礼人整体的感觉）"等问题。通过与身边朋友的交流，我们还可以弄清"什么样的问题容易回答""如何设问能够把握收礼人的形象"等问题。

在我曾经工作过的店里，有一位男性的后辈销售员尤为擅长接待选购礼物的顾客。在遇到一位来到店里为自己的妻子购买圣诞礼物的男性顾客时，他对这位顾客说"购买平时不怎么买的商品，感到有些头疼哈"，以此表达对顾客的同情，之后，提出了二选一式的问题和准确的建议。

后辈 "以前您曾经赠送给夫人的围巾的感觉，与这两款中的（双手托起围巾展示给顾客）哪一款更接近呢？"

顾客 "应该是和这款感觉比较接近。"

后辈 "如果是这样的话，您夫人应该是一位娇柔女性哈。这里有很适合您夫人的手套，我想推荐给您。比如……"

后辈没有给这位顾客带来任何困扰就把握了收礼人的感觉，顺利地完成了商品的推荐。这位顾客对于后辈的接待极为满意，以至于之后只要是购买礼物一定会光顾我们的店。

　　我们要尽量避免向选购礼物的顾客提出"是一位什么样的人士呢？""平时穿着什么样的服装呢？"之类的笼统的问题。**通过向顾客提出比较容易回答的问题，我们更容易锁定推荐给顾客的商品。**我们通过提出"喜欢穿裙子，还是喜欢穿裤子？""喜欢喝啤酒，还是喜欢喝鸡尾酒？"之类的问题，可以更容易地推测出顾客的感觉。

不做模糊不清的询问，进行二选一式的提问

NG "是一位什么样的人士呢？"

如果提出的问题过于笼统，顾客会感到难以回答，可能会令顾客认为"自己对收礼人完全不了解"而陷入不安。

OK "鲜艳的颜色和稳重的颜色，看起来更喜欢哪一种？"

首先要对收礼人的形象进行共享。为了尽可能地把握收礼人的形象，进行具体的二选一式的提问。通过展示商品和杂志进行视觉上的确认，令顾客感到安心。

09 顾客对"您是在寻找○○吗？"的询问无法作答的理由

对于销售员而言，要想提升待客满意度，打听出顾客的需求之后为顾客推荐顾客所需的商品是一项必要的技能。为了了解顾客的需求，许多销售员会向顾客询问："您是在寻找○○吗？"

在现实生活中，**听到我们"您是在寻找○○吗？"的询问，大多数的顾客会感到不知所措，甚至无视我们的询问。**为什么顾客难以应对这样的问题呢？

- "您是在寻找○○吗？"的说法会令顾客产生戒心

这是一件我在一家女装店负责销售工作时发生的事。在店里，一位顾客时而观察，时而用手触碰各种款式的开衫，在店里转了一圈。见此情景，我招呼道："您是在寻找开衫吗？"这位顾客惊异地回答："是的。"

当时，我心想这位顾客是在寻找开衫，如果看到心仪的款式应该是会购买的。于是，我把店里所有款式的开衫都展示到这位顾客的面前,又对每款逐一进行了说明。可是,这位顾客却露出尴尬的神情,留下一句"我还想去别的店再看一看,今天就这样吧",就径直离店而去。

我听到顾客对于"您是在寻找〇〇吗?"这一提问的肯定回答,心想"这位顾客或许会买些东西的"进而提高了期待值。然而,**顾客有可能会想如果自己回答"是的"的话,或许真的要买**。我们有时之所以会被顾客拒绝道"我只是看看而已",就是因为双方的想法不同。

此外,由于许多顾客曾经受到过如此询问,当被问道"您是在寻找〇〇吗?"的时候,他们会在内心里产生戒心。

- 招呼有购买目的的顾客的要领

通过对顾客的仔细观察,发现这位顾客"从一开始,就一直关注〇〇。一定在找〇〇"。在这种情况下,我们如何招呼顾客才好呢?

看到顾客多次触摸特定的商品,或者站在某个商品区域前对于应该拿起哪一款商品感到犹豫不决的时候,我们应该使用符合顾客感受的语言,与其打招呼。例如,**我们可以使用"款式非常多,不知该选哪款好哈"的说法,表达对顾客的共**

鸣。如果顾客给出了肯定的回答，顾客在内心深处应该是在想："是的，你理解我。"如果我们传递了共鸣信息，顾客就会降低对我们这些销售员的不信任感，更容易进行咨询。

• 有时顾客会主动和我们说话

我们需要努力营造顾客轻松向我们咨询的氛围，这有助于提高顾客的安心感。一些顾客在选购羽绒被、家电产品等在功能上有差别的商品时，会先自行研究一下商品，遇到不懂的问题时再听取销售员的建议。

在经营这些商品的店里，如果**发现正在研究商品的顾客，我们需要微笑地与其打招呼："如果遇到不懂的问题，可以问我，不要客气**。"通过这短短的一句话，我们可以让顾客意识到能够给自己提建议的销售员就在不远处。

如此在第一次与顾客打过招呼之后，我们可以在与顾客保持适当距离的位置很自然地观察顾客。抓住顾客"好像很犹豫呀""已经转了一圈了"的时机，我们可以再次接近顾客。此时，如果我们对顾客说"款式比较多，难以做出选择哈。请让我根据您的需求给您讲解一下吧"的话，应该会给顾客一种待客热情的印象。

有一次，我遇到一位男性顾客在挑选床垫。一开始这位顾客是一副想要自己一个人先观察一下的样子。但后来对于床垫品种之多，他流露出惊讶的表情。

我上前招呼顾客道："只看外观，很难弄清各款床垫之间到底有什么不同哈。如果遇到不懂的问题，请随时叫我哈。"听了我的话之后，他表示想自己再观察一会儿。不久，这位顾客一边对各款商品进行比较，一边又流露出困惑的神情。我向他询问："有什么可以帮您的吗？"他回答："只靠自己还是弄不明白。"之后，他开始讲述他的需求。于是，我针对各款商品的不同分别给他做了讲解，终于为他推荐了令他满意的商品。

当这位顾客确定想要购买的床垫时非常满意地对我说："所有的销售员都会走到近前问'您是在寻找床垫吗？'，可是我总是想自己一个人观察一下商品再说。这次，您知道我遇到不懂的问题，主动上前招呼我，为我做了满意的说明。"针对这位顾客，如果像以往那样使用"您是在寻找床垫吗？"的说法，可能会遭遇"我想自己一个人看看"的拒绝，根本无法进行商品的解说。这一段经历令我感到，在观察顾客之后，向顾客表达共鸣的重要意义。

各位平时为了把握顾客的需求，是否会使用"您是在寻找○○吗？"的说法呢？这个问题对于仅仅是想进店逛逛的顾客来说难以回答。我们需要意识到这是一种会令顾客产生戒心的说法，取而代之使用能够与顾客产生共鸣的说法。如此，顾客会降低对销售员的戒心，销售员更容易了解顾客的想法。

推测顾客所处状况时使用的说法

> NG "您是在寻找○○吗?"

这种问法会令顾客产生"如果回答'是的',是不是就必须买呀"的想法,进而催生戒心。另外,听了这种问法,有些想要一个人挑选商品的顾客会感到厌恶。

> OK "款式非常多,不知该选哪款好哈。""如果遇到不懂的问题,随时叫我哈。"

推测顾客所处状况时使用的说法。顾客会认为"这个人理解我",能够安心地向这位销售员咨询。听了后面的说法,顾客认为需要帮助的时候,可能会主动向销售员寻求建议。

10 不连续做出毫无意义的询问

　　销售员通过向顾客询问确认其需求，是当下接待顾客的标准做法。那是因为销售员仅仅凭借对商品的解说已经无法提高销售额了。正如表示"询问"含义的日语汉字——"質問"所要表达的那样，即追问本质。虽说为了提高销售额需要仔细确认顾客需求，但是在卖场毫无意义的询问已经成了问题。

● **连续询问会令顾客厌烦**

　　某次，我看到一位顾客拿起一件衬衫。那时正值销售低迷，于是店里提出"确认需求"的口号。所以，当时我也是满脑子想着必须向顾客询问他的需求。

　　于是，我向顾客**连续提出了下面的问题**。

　　我　　"您是喜欢穿衬衫吗？"
　　顾客　"是的，上班时经常穿衬衫。"
　　我　　"是吗。衬衫还有其他各种颜色的，您喜欢什么颜色的呢？"

顾客 "衬衫嘛，我基本上都穿白色的。"

我 "是吗。衬衫会和什么搭配在一起穿呢？"

顾客 "呃，平时总是一个样子……"

这种感觉的对话一直持续了很久。终于，**这位顾客流露出不耐烦的表情**，说道："对不起！让我一个人再考虑一下吧。"之后，这位顾客自己经过对比挑选了一款衬衫，向收银台走去。看到这样的情景，我内心感叹："自己在把握顾客的需求方面，已经是做了充分的努力的呀！"在之后的一段时间，我陷入了意气消沉的状态。

如果我们恰当地把握了顾客的需求，就可以顺利地为顾客推荐商品以及搭配方案，有时还能配套地将商品卖出去。在上面的经历中，乍一看我是在为把握顾客的需求而努力。可是，为什么还没到推荐阶段，我就被顾客拒绝了。问题出在哪里呢？

- **在说完"是吗"之后进行推荐**

在前面的事例中，听了顾客的"上班时穿"的回答，我只回复了"是吗"。这会产生一种无视顾客回答内容的感觉。另外,关于"颜色",顾客已经做出了回答,我还把话题往"搭配方法"那边引。这样,顾客产生"销售员问我,我已回答,销售员好像什么都不听。那么为什么还要提问呢?"的疑问也是再正常不过的事。

为什么会发生这样的事呢?那是因为询问变成了待客的目的。在这种情况下,顾客在回答我们问题的时候,我们满脑子想的都是"接下来应该问什么问题呢"。进入这种状况,顾客的话就成了耳旁风。最终,顾客就不再与我们交谈了。

将顾客自己说的话运用到待客之中,可以提升顾客的满意度。提高满意度的要点在于,认真把握顾客的语言,用能够与顾客产生共鸣的说法来应对顾客。

还是刚刚的那个事例,这次我们加入共鸣话术,看看感觉如何。

我　　"您是喜欢穿衬衫吗?"

顾客　"是的。上班时经常穿衬衫。"

我　　"**是吗**。穿衬衫的时候,**自己就会感到很有精神**。是因为公司对员工上班时的着装要求比较严格,才穿衬衫的吗?"

顾客 "不是不是，我本来就是喜欢穿衬衫。不过，平时的搭配总是千篇一律的。"

我 "**明白明白**。素色衬衫貌似比较容易搭配，**实际上挺难的哈**。顺便问一下，您平时是搭配什么一起穿呢？"

在这个事例中，通过"**是吗**""**明白明白**"等说法，我们可以表达对顾客的共鸣。在加上"**自己就会感到很有精神**""**搭配挺难的哈**"之类的表达是具有+α意义的共鸣话术，我们通过这样的表达可以向顾客传递我们认真倾听了顾客话语的信息。我们能够通过理解顾客的话语，显示对顾客表达内容的兴趣，获得顾客对我们的信任。

像这样，**我们要想做到能够使用"是吗"+α的表达来应对顾客，就必须认真倾听顾客讲话的内容**。听漏对方讲话的内容，我们就无法使用共鸣话术与对方交谈。在面对顾客时，销售员有"这个也必须问，那个也必须问"的焦虑心情，完全可以理解。然而，我们在思考接下来该问什么问题的时候，实际上线索就隐藏在顾客的回答之中。在冷静倾听顾客的话语方面，伴随经验的积累，我们会变得更加从容，更加放松。

我们进行询问的根本目的在于确认顾客的需求。我们必须注意不能迷失这个根本目的。如果我们将询问本身当作了目的，难免会损害顾客对我们的信任。**我们要有意识地凝视着顾客的眼睛，认真倾听顾客的话语，对顾客做出应答。**怀着"待客就是对话"的意识去接待顾客，我们就能够很自然地把握顾客的需求。

使用"是吗"+α 的表达与顾客对话

> **NG** "是吗。(转变话题)"

顾客好不容易做出回答,销售员却完全不再提及回答的内容。销售员是否把精力都放在提问上,而根本没有认真倾听对方的话语呢?

> **OK** "是那样的哈。之所以这样说……(以顾客的信息作为话题)"

听了顾客回答的内容,对顾客表达共鸣。通过使用"是那样的哈"+α 的表达,能够传递自己也感兴趣的信息。凝视顾客的眼睛频频点头,努力把握顾客话语的内容。

11 不问顾客"我拿过来，好吗？"

销售员出于想要满足顾客需求的想法，问顾客"还有其他款式，我把它拿过来，好吗？"的时候，顾客却会说"不用了"阻止了销售员。不知各位是否也有过这样的经历呢？销售员一心想要取悦于顾客，为什么会遭遇顾客的拒绝呢？

• 顾客从内心里不想给销售员添麻烦

这是我在一家连锁服装店工作时的一段经历。当时，我们参加了品牌内店铺之间的紧身裤销售对抗赛。"最近我们销售业绩不好，不管怎么说，在这次对抗赛里必须拿出点成绩来！"所有员工都怀着这样的想法，信心满满地迎接比赛。

那时，我们店里的紧身裤有 S、M、L 三个尺寸。对于紧身裤而言，裤子的贴身感和穿着的舒适感非常重要，顾客需要对不同尺寸的裤子进行试穿。

销售比赛开始了，我们开始推销工作。虽然试穿的顾客不少，但是紧身裤的销售数量却不怎么增加。许多顾客试穿之后表示"实际尺寸比想象的要小"而放弃购买了。

此时，销售员一边对这样的顾客说"我去把大一号的拿过来，好吗？"一边准备走向陈列商品的地方时，大多数顾客都会慌忙地用"不用了"的说法阻止他们。如此一来，顾客没有办法试穿符合自己尺寸的衣服。直到对抗赛结束的一周之前，紧身裤销售业绩不佳的状况一直持续着。于是，员工们慢慢地开始焦虑起来。

我们发现手上的衣服不符合顾客的要求以及体形的时候，就会想尽量满足顾客的期待而寻找能够推荐的商品。可是，这时常常会遇到想要推荐的商品在"相对有一定距离的地方""寻找起来比较麻烦"的情况，于是就会被顾客所阻止。

此时，顾客之所以会阻止销售员的行动，是因为顾客考虑"如果给销售员添了麻烦，那么不买就不太合适了"。顾客内心的想法是"现在，我拒绝了销售员推荐给我的商品，就已经很抱歉了。如果再麻烦销售员的话，那就不好再拒绝啦"。话虽如此，我们也不能因为顾客的想法是这样的，就不向顾客推荐其他商品。如果我们采用顾客能够轻松接受的商品推荐方式，还是应该能够令顾客感到愉悦的。

- **事先准备好其他商品可以增加顾客购买的机会**

让顾客轻松地接受我们推荐其他商品的要点在于，不使用"我拿过来，好吗？"的说法，而是采用"已经为您准备好了，您看看怎么样？"的应对方式。也就是说，我们需要利用顾客对商品感到犹豫不决或在试衣间试穿的时候，事先将商品准备好。因为如果我们使用"我拿过来，好吗？"的说法，顾客会介意。但是，如果顾客看到销售员已经将商品放在面前，就会产生"销售员已经特意为自己准备好了，还是看看吧"的想法。

如果我们最初推荐的商品不符合顾客的要求，要想创造销售业绩，就需要让顾客看看我们推荐的其他商品。我们要努力让顾客尽可能多地观察、触摸、试穿我们推荐的商品来增加顾客购买商品的机会。

- **相关商品也要准备好，以便随时推荐给顾客**

前面所说的紧身裤销售对抗赛，在还剩一周的时候有了新的动向。我工作的那家店实现了大逆转，夺得了品牌销售额第一的好成绩。

"我们店一定要争当第一!"员工们为了实现这个目标而围绕推销方法展开了思考。终于,大家发现了"想要给顾客推荐其他尺寸的时候,总是被拒绝"的问题。

于是,为了给顾客事先准备好商品,我们决定采取下面的行动。

第一点就是,"**顾客前往试衣间的时候,将'比推荐给顾客的商品的尺寸略大和略小的款式,以及顾客心仪的其他颜色的款式'一起拿过去。**"在顾客试穿的时候,我们可以对顾客说:"其他尺寸的也一起拿过来了,您要不要穿在身上对比一下?"一位顾客认为刚刚试过的衣服有点小,从试衣间里出来的时候,主动提出"我可以试一下那一件吗?",表达了想要试穿其他尺寸的想法。

第二点就是,**员工之间通过共享相关款式的信息,能够迅速地向顾客推荐商品**。一次在早会的时候,员工之间共享了"我们可以向对臀部比较介意的顾客推荐长款上衣"的信息。当天,顾客在试穿紧身裤的时候,销售员将长款上衣准备好,在顾客走出试衣间的时候,就可以马上进行推荐。销售员对顾客说:"我觉得这个挺适合您的,就特意准备好了。"不少顾客都会一边站在镜子前面将衣服在身上比画着,一边说:"我身形比较饱满，穿紧身裤有些不太合适，不过和这个一起穿就没问题啦！"如此这般，长款上衣也和紧身裤搭配在一起卖出去了。

以前，我们想要去为顾客取其他款式时，总是被顾客阻止。现在，我们将和已经推荐的服装比较搭配的款式呈现给顾客时，顾客会主动说："我可以试穿一下那个吗？"我们通过实施全体员工总动员的"已经为您准备好了"的策略，促成了顾客再次试穿。以前，我们有时一天连一条紧身裤都卖不出去，后来，一天竟然能够卖出十条，实现了销量的大幅增加。

所以，**我们不要使用"我拿过来，好吗？"的说法，而是使用"已经为您准备好了，您看看怎么样？"的应对方式，有意识地采用领先一步的待客方式。**如果我们能够领先一步地为顾客推荐商品，一定更能令顾客感到愉悦。为此，我们需要事先对顾客的想法认真加以思考，把握顾客试穿时的思维逻辑。

领先一步准备好商品

NG "我拿过来，好吗？"
"我现在拿过来。"

这样的说法会令顾客产生"如果拿过来了，不买不合适呀"的想法。销售员越让顾客产生"已经添了麻烦"的印象，顾客的"怎么办才好……拒绝不掉了"的心理就越强烈。

OK "已经为您准备好了，您看看怎么样？"

利用顾客对商品感到犹豫不决或在试衣间试穿的时候，事先将要推荐的商品准备好。顾客看到已经准备好的商品就会产生"销售员已经特意为自己准备好了，还是看看吧"的想法，进而以比较轻松的心态查看商品。

Column 2

怎样做才能增加我们的顾客？

为了确保店铺的销售额，顾客是必不可少的。想必各位也切身地感受到顾客的重要性，也对如何增加顾客进行过思考。

如果我们比较善于接待自然进店的顾客，却很难获得回头客，或许是因为我们过度在意当时的销售额。我们不妨对下列问题进行勾选，看看我们身上到底有哪些问题。

①总是向顾客推荐顾客心仪的商品。

②总是推荐平庸的商品。

③对顾客总是回答"是的"。

这些对于顾客来说都是没有新鲜感的建议。

为了在当场促成成交，这样的待客方式可以说是最快捷的。但是，这种没有意见的待客方式可能会令顾客认为从那位销售员那里购物这件事变得没有了意义。

拥有众多顾客的销售员是会实实在在地表达自己的想法的。这样的销售员会使用"我觉得○○适合您，□□也很不错"之类的说法，表达自己的意见。有时甚至还会毫无忌惮地提出"现在不买也没关系"之类的建议。

顾客遇到自己以往绝对不会买,现在却想尝试购买的商品时,会产生"想听听那个人的意见"的想法。于是,这位顾客就有可能成为那样的商品的真实顾客。

我们不要推荐"顾客看起来可能会购买的商品",而要思考"真心想推荐的商品是什么",进而推荐给顾客。顾客如果感受到了我们是认真的,我们就比较容易获得回头客。

第 3 章

吸引顾客的商品解说

12 令顾客感到不安的后缀——"我认为○○"

"我认为这件衣服不论怎么清洗都不会变松垮的。""我认为您买了是不会吃亏的。"

这些都是销售员在与顾客对话时经常使用的"我认为○○"句式。

句尾①加上"我认为"的表达在我们日常的对话中非常常见。可是，如果销售员使用这样的说法接待顾客，有时会给顾客一种不太靠谱儿的印象。

• 从句尾看自信

这是我在一家家居用品店接待一位购买被子的顾客时的失败经历。

---

① 在中文、英文中，"我认为""我以为"等表达都是放在句子的最前面的，即采用前缀方式，而在日文中，这样的表达是放在句子的最后面，即采用后缀方式。比如："我认为这个很好。"这句话用日文表达就是"これはとてもいいと思います"。不调整语序，直接译为中文的话，就成了"这个很好我认为"。——译者注

当时，在那家家居用品店里售卖的被子共有五种。这种被子有个特点，那就是仅看外表，无法了解羽绒和羽毛的比率以及原产地等信息。因此，要想把握各款商品的特点相当不容易。之前我一直在服装店工作，仅通过外表就能掌握各款服装之间的区别。所以，我的工作突然从销售服装转为销售被子，一时间感到很不顺手，不知所措。

被顾客问及"这款和那款之间有什么区别"的时候，我会拼命开动大脑，做出"呃，这款是羽绒被，比普通的被子要……"之类的回答，好歹回应了顾客。

后来，我终于习惯了购买被子顾客的接待工作，也能够给顾客讲解关于被子的知识了。可是，我所接待的顾客却总是一副不放心的表情。对于接待顾客，我也一直都没有得心应手的感觉。问题到底出在哪里呢？我感到困惑不解。于是，我就请一位熟练掌握待客技巧的后辈销售员协助我找找问题。结果，这位后辈销售员指出：已经习惯于接待购买服装顾客的我在销售被子时"在不经意间犯了致命的错误"。

这位后辈销售员认为，我待客时的句尾表达含混不清。我会使用"我认为那款被子比其他款的要轻""我认为很暖和"之类的说法，也就是说，**在所有的说法中都用了"我认为○○"的句式**。我除了表达含混不清外，句尾声音也总会变小。这样一来,**顾客根本感觉不到我是在很有自信地推荐商品。**

后辈销售员惊讶地对我说:"前辈您,以前在销售服装时一直是充满自信地接待顾客的哈。比如,您会使用'这款很适合您呀''这种设计很少见哈'之类的表达,句尾都彰显着自信。"我也再一次意识到"隐藏在句尾的力量"。

● 使用直截了当的表达,不使用"我认为○○"的说法

我们虽然已经牢记了有关商品的各种各样的知识,但是在待客时有时会感到缺乏自信而使用句尾加上"我认为"的表达方式。反省自己的失败经历,我明白了要想自信地向顾客推荐商品,**"使用清晰的句尾,直截了当地表达"**非常重要。

在"商品刚刚到货,对于商品的特征还不太了解的时候""对于没有发现有什么明显优势的商品进行讲解的时候""顾客比自己还要了解商品的时候",我们可能会对推荐的商品没有信心。

遇到这样的情况,"对于刚到货的商品尽快进行试用""思考如何才能列举出商品的优势""对商品展开研究"之类的努

力当然非常重要。但是，首先让我们树立尽全力向顾客推荐商品的意识吧。

- 为什么新员工能接连不断地卖出商品呢？

有时，我们能遇到这样的新人销售员，他们能够接连不断地把商品卖出去。**这些新人销售员完全谈不上已经掌握了什么待客技术。他们之所以能取得这样的销售业绩，是因为他们能充满自信、直截了当地向顾客推荐商品。**每当笑容灿烂的新人销售员对顾客说"尊敬的顾客，这个完全适合您！"的时候，顾客就有可能接受他们推荐的商品。他们中的许多人属于不怯懦、喜欢与人交谈的类型。可以说正是这种天不怕地不怕的性格成就了他们的待客业绩。

但这并不意味着"直截了当地表达＝能够取得销售业绩"。要想做好待客工作，我们既要掌握各种商品的知识，也要倾听顾客的需求。在以往的待客方式已经行不通的时候，我们往往会抱怨"以前卖得很好，但现在却不行了"，进而陷入意气消沉的状态。我们陷入消沉状态时，自信就会消失，句尾的声音也会变小。于是这又导致商品卖不出去。这就是一个负螺旋。如果各位陷入了消沉状态，请一定要关注句尾，找出解决问题的线索。

● 凝视顾客的眼睛可以令顾客陡升信任感

通常,在接待顾客时,待客的高手既注意使用"直截了当的"句尾表达,也擅长控制视线。接待顾客的时候,他们一定会凝视顾客的眼睛。在日常生活中,没有人能够看着对方的眼睛从容地说谎。反之,我们在期待对方能够倾听自己的请求时会凝视对方的眼睛。之所以这样是因为我们认为这样做更能够说服对方。

在待客工作中,道理也是一样的。我们虽然很有自信地对顾客做出了"这个完全适合您"的表达,但是不凝视顾客的眼睛,视线游离,就会令顾客感到缺乏说服力,令顾客产生"实际上不是这样的"的不信任感。我们在充满自信、直截了当地向顾客推荐商品的时候,一定要注意我们的视线发挥的作用。

我们在不经意之间使用的"我认为○○"之类的说法,会令顾客产生一种缺乏自信的感觉。我们要想有自信地向顾客推荐商品,需要凝视顾客的眼睛,从容地、直截了当地表达。

句尾不后缀"我认为"

NG
"我认为那个适合您。"
"我认为那个很暖和。"

销售员虽然已经针对商品的知识以及自己的意见做出了表达，但是句尾却令顾客感到销售员缺乏信心。使用这样的说法虽然可以展示销售员温婉的一面，但是也难免给顾客一种"这个人不太靠谱儿"的感觉。

OK
"那个很适合您。"
"非常暖和。"

使用直截了当的表达可以增强说服力。一边凝视顾客的眼睛，一边对顾客说"那个很适合您"的话，绝对可以提升信任感。努力提高把握知识和顾客需求的能力，加强自信，让自己成为一名能够进行直截了当表达的销售员。

13 留意容易引起误解的固定说法

有时在服装店里，货架上只摆放着几种颜色的款式，而其他颜色的款式则被放在了库房。在这种情况下，我们如果对顾客说"**我们还有其他颜色的款式**"，想必顾客会觉得我们很热情。可是，在现实生活中，顾客的反应未必如此，这背后到底有什么样的原因呢？

- **对同样的内容使用不同的表达能够决定顾客是否购买**

这是我的一位朋友购物时的一段经历。

那天，从店里卖场摆放着的各式各样的商品中，这位朋友一眼就相中了一件特别显眼的、荧光色的针织衫。她拿起针织衫观察时，一位销售员招呼道："我们还有其他颜色的款式。"看到销售员一上来就给自己推荐其他颜色的款式，这位朋友心想："这个人可能不太喜欢这个针织衫的颜色。"她觉得"这个人欣赏不了这个颜色"，进而认为与这位销售员不投缘，留下一句"让我再考虑一下吧"就悻悻地离开了服装店。

过了几天，这位朋友对那件针织衫恋恋不舍，便再一次光顾了那家服装店。她拿起商品的时候，店里的另一名销售员微笑地走到近前，说："这款衣服的颜色很有个性哈，其他颜色的款式也非常棒哈。方便的话，您可以都看看哈。"这位朋友也想看看其他颜色的款式，就与销售员一起挑选并且在最后购买了商品。后来，这位朋友给我讲述了此次购物的感想："那位销售员对我心仪的颜色表达了共鸣。我认为与那位销售员很投缘，欣然接受了待客服务。"

其实，两位销售员都向这位朋友推荐了其他颜色的款式。可是，她的感受却截然不同，对于是否购买产生了重大影响。

在前者的"我们还有其他颜色的款式"的表达中隐藏着一种歉疚感。或许之前，这位销售员曾经受到过"这么颜色花哨的款式是卖剩下的吧？""店里就没有其他颜色的款式了吗？"之类的来自顾客的责问。于是，她在内心里形成了"这种颜色的款式，顾客肯定都不会买"的固定观念，在遇到顾客时就表达出来了。

对于后者的"这款衣服的颜色很有个性哈"的表达，这位朋友善意地领会了。**因为这位销售员通过对商品的肯定，向顾客表达了共鸣。**

"我们还有其他颜色的款式"的说法，会令顾客产生"是说我穿这个不合适吗""虽说我觉得挺好的，但这是卖剩下的"的想法，陷入不安之中。**有时顾客在自己拿在手中的商品被否定的时候，会联想到那也是对自己的否定**。所以，让我们用积极的、肯定性的语言去接待顾客吧。

- **使用听起来具有否定意义的"固定说法"时需要引起注意**

除了这种平时人们不经意使用的说法之外，还有一些具有否定含义的表达。下面，我将这样的表达与想要推荐给各位的肯定表达一起介绍一下。

× "我们有适合您的尺寸的款式。"
〇 "我们有各种各样尺寸的款式，请您试穿、比较一下。"

在服装店里，顾客经常会有这样的不满。当体形比较丰满的女性顾客拿起一件尺寸较小的衣服时，会被销售员告知"店里有适合您的尺寸的款式"。于是，这位顾客不快地说："你是觉得我穿不进去这款才那样说的吧？"虽然这位销售员使用这个说法时不带有任何恶意,但是却被顾客做出这样的解读。

在这种情况下,我们可以建议顾客:"请试穿、比较一下。如果您还需要其他尺寸的款式,也请您一起试穿一下。"此外,我建议各位向顾客提供"与其他品牌相比,我家店衣服的特定部位更宽(或更窄)"之类的有关商品特征的信息。

× "这个是男款(女款)的。"
○ "设计很棒哈。虽说是男款(女款)的,女性(男性)用也很不错。"

下面给各位介绍一个在饰品店、服装店销售男女通用品牌商品时的事例。我们在购买礼物或者受别人之托购物时,有时需要去查看自己平时不会购买的品类的商品。

不少男士在选购赠送女士的礼物时,非常介意别人的眼神。遇到这样的顾客时,如果销售员使用"那是女款的"的说法招呼顾客,不少顾客会感到尴尬而离店而去。在这种情况下,顾客产生"我当然知道这是女款的。我在找可以送礼的东西,你根本不明白。没有办法向这个店员咨询"的不满也在情理之中。此时,我们应该首先使用"设计很棒哈""这个最适合做礼物的哈"等的说法来对顾客做出肯定的表达。想要向异性销售员咨询的顾客听到这样的表达，可能会认为向这位销售员咨询应该没有问题，而欣然接受销售员的待客服务。

那些听起来有否定意义的固定说法有一个共性，那就是令顾客产生被人命令的感觉。所以，我们必须有意识地**通过肯定型接近顾客话术向其传递"顾客可以自由地观察各种商品""我们尊重顾客的意志"的信息。**

避免使用听起来具有否定意义的说法

NG "我们还有其他颜色的款式。"
"我们还有其他尺寸的款式。"

即使销售员没有恶意，这也是两句容易引起误会的说法。在不确定顾客是否是在寻找其他颜色、尺寸的款式的时候，认真观察顾客之后再做判断。

OK "颜色很棒哈。"
"请您多试穿、比较一下哈。"

这是一种表达与顾客的共鸣和对顾客肯定的说法。之后，可以根据顾客的反应，向顾客推荐其他颜色、尺寸的款式。不少顾客受到肯定后，会认为与销售员"很投缘"。

14 "我也买了"这一信息的正确传递方式

当我们向顾客讲解使用后的感受时,如果根据自己的经验进行说明,更容易令顾客接受。如果是服装,来自"体型相同的人"的感想,如果是家用电器,来自"家庭结构和居住环境相似的人"的感想,对于想要购买商品的顾客非常具有参考意义。然而,**如果我们仅仅只是强调"我也买了"的话,也有可能会招致顾客的反感。**

- 对于"我也买了"的强调令顾客陷入沉默

我刚进公司的时候,在招呼顾客、对顾客解说商品的时候,经常使用"我也买了"的说法。我之所以这样做,是"想让顾客产生亲近感""让顾客认识到商品具有很高人气"。为了展示穿在身上的感觉,有时我还会特意去购买人气商品。顾客拿起商品的时候,我就立刻给顾客展示我身穿那件衣服的样子,传递"我也买了"的信息。

然而,我这样的努力基本上与销售业绩无缘。当我表示

"我也买了"的时候，大多数顾客都是满脸困惑的表情。大家完全是一副"我该怎么回答才好"的样子。看到顾客做出这样的反应，我也感到手足无措。我虽然把自己也买了同样商品的信息传递给了顾客，但是并没有在待客工作上发挥什么作用。

对于我自以为能够博得顾客好感的"我也买了"的说法，实际上许多顾客并没有领会它的意图，进而感到不知所措。其中，有些顾客甚至会做"你是觉得自己买了这件商品很得意吗?!""你认为自己买了，别人就一定会买吗?"之类的解读。

- 补充在"我也买了"的说法之后的表达至关重要

对于这样的容易给人带来负面印象的说法，如果我们对其使用方法加以研究，还是有可能为顾客所接受的。有时，有些顾客甚至会向我们提出"你能更详细地给我讲解一下吗"的要求。

所谓斟酌，**就是采用"我也买了，后来〇〇了"那样的"我也买了"+使用后感想的表达方式。**仅仅这样做，顾客对我们的印象就会发生惊人的变化，对我们的表达产生积极的反应。比如，在销售防蓝光眼镜的时候，我们可以使用"我也买了，之后肩部的酸痛感就消失了"的说法；在销售电饭锅的时候，我们可以使用"我也买了，感觉蒸出的米饭比以前香甜了"的说法。

我们将自己使用后的感想也告诉顾客，就可以令我们传递"我也买了"的信息的意图更加明确。

如果能够进一步找到彼此间的共同点，我们的经验之谈就更具说服力了。

有一次，在店里，一位身材娇小的女性顾客正拿起一件长款裙子在手中观察。这位顾客的身高刚好与我大致相同。当时，她一直盯着裙摆的长度，一副非常在意的样子。

于是，我对这位顾客说："您和我的身高差不多哈。其实，我也买了这款裙子。穿在身上的时候是刚好露出脚踝的感觉，不会拖到地上，没有过长的感觉哈。"

听了我的话，这位顾客笑着对我说："对我们这样的身高的人来说，许多款的裙子都会拖到地上哈。听了你的话，我终于放心了！"据说这位顾客以前每次想要购买长裙，都会担心太长，自己根本穿不了。然而，她说这次正是听了我的经验之谈，她才终于消除不安，敢于试穿一下的。之后，她购买了裙子，向我表示"今天听了与我体型相似的你的体验，真是太好啦！"之后，走出了服装店。

在这个例子中，我充分利用"自己与顾客的身高大致相同"的特点，分享了自己的感想。**我们如果能够向顾客传递使用后的感想，就可以消除顾客的不安，令顾客对自己使用的情景更容易做出想象。**也就是说，我们可以通过传递自己的经验，提高待客语言的说服力。

各位如果平时注意对自己使用过的商品以及使用后感受到的优点等信息加以整理，就能面对顾客做出这样的说明。

另外，对于商品的缺点，我们也需要对顾客直言相告。比如，在接待寻找针织衫的顾客时，我会对顾客说："我也买了。因为可以水洗，穿起来比较方便。"听了我的话，有些顾客提出"是否会缩水"的问题。

如果针织衫有可能缩水，我们可以使用"会缩水的，不过搭配○○一起穿很不错""为防止缩水，我在○○方面下了功夫，结果挺好的"等说法，将其作为使用者的经验分享给顾客。我们可以通过对顾客讲述商品的缺点，提高顾客对我们的信任感。在许多情况下，克服缺点的方法才是顾客最想要了解的。

我们在对顾客说"我也买了"的时候，不要就此止步，而应该将自己使用后的感想也传递给顾客。如果我们加上"后来○○了"的表达，也能将各位的体验与感想同时传递出去。于是,对于"我也买了"这个可能会令顾客产生"那又怎样?"的想法而陷入尴尬的说法,我们稍下功夫,就能把它变为可以引起顾客共鸣的强有力的话术。作为结果,顾客常常会发出"原来如此!""听了这个人的话真好!"的感叹。

不止步于"我也买了"的说法

NG "我也买了。"

有可能会被顾客回撑:"那又怎样?"顾客不能理解销售员使用"我也买了"的说法的意图,进而感到困惑。

OK "我也买了,后来○○了。"

来自实际购买者的意见和感想对顾客而言非常具有参考意义。销售员简单明了地对顾客讲述自己"实际使用后的体会",能够激发顾客对商品的兴趣。

15 对于与竞争对手店内商品的不同之处加以说明

无论是哪个行业的店铺，店里都有经典商品。在服装店里的 T 恤衫和牛仔裤，鞋店里的高跟鞋，家居用品店里的普通沙发和单色窗帘等都属于这样的商品。这样的经典商品在竞争对手店里也会被摆在卖场售卖，我们仅看外表无法了解彼此之间到底有什么不同。然而，对于这样的商品，顾客还是情有独钟的，想要了解商品细节的要求也比较多。

- 以顾客正与其他店的商品作比较为前提

一天，我在工作的家具店里，看到一位顾客正在观察一款床，于是上前针对那款床的优点做了"这款床躺上去不会发出'咯吱咯吱'的声响""床体小巧，特别适合在独居房间内使用"等的解说，然而这位顾客却是一副不悦的表情。接下来，我问道："您有什么比较在意的地方吗？"这位顾客回答说："其实我在其他店里也看到了类似的床。那家店的店员也对我说了刚才你说的那番话……并且那家店价格要便宜一成以上。"

我不了解那家店的床是怎样的,所以只能针对自家店的商品的优点进行说明,至于自家店的床有没有其他店的床没有的优点,我也不清楚。于是,我也找不到能够打动顾客的说法,丧失了说服顾客的信心。我对于商品的说明自然而然地变得越来越乏力,在我与顾客之间荡漾着尴尬的气氛。最后,这位顾客留下一句"让我再考虑一下"就离店而去,之后也再未光顾了。

顾客进行研究比较的对象不只是自家店的商品。通常,不少顾客会去多家店里逛逛,摸摸商品,听听说明。有时对于某款商品,有些顾客甚至会比销售员还要了解。

以前,在购买比较昂贵的商品时,众多顾客会这样做。如今,即使只是购买价格比较便宜的商品,人们也会如此。比如我们有时会被购买价值一千日元左右的针织剪裁衫的顾客问及"与〇〇品牌的开衫相比,穿在身上是不是会觉得有点紧?""和〇〇厂家相比,质量怎么样?"之类的问题。顾客是在经过比较之后才提出这样的问题的。针对这样的顾客,我们采用"与〇〇相比的回答方式"进行回答,顾客会比较容易接受。这样的商品虽然单价不高,但是"顾客如果中意的话,会一下子买上几件""可能还会复购""会为我们写好评"等结果都是可以期待的。

要想针对自家店与竞争对手店的区别对顾客做出回答，我们只能对竞争对手店的类似款式展开研究。 我们走进竞争对手店，通过接受待客服务、亲自试穿来了解竞争对手店的商品与待客方式。当然，如果实际购买商品并加以使用，我们还能够对使用后的感想进行有效利用。

可是，竞争对手店数量众多，我们的这种努力不可能涵盖所有商品。把握顾客们经常会与哪些店做比较的信息，是我们锁定需要实施调查的店铺、商品时的捷径。

在我们被问及"与〇〇店的相比怎么样"的时候，就要尽快去那家店调查一下。我们也可以单刀直入地问顾客："您现在也在考虑其他店的商品吗？"有关经典商品，有的时候我们自以为的竞争对手店和顾客提及的店可能会不同。在这种情况下，我们亲自去顾客提及的店做调查，与自家店进行比较就好。

- **如果了解其他公司的商品，即可与顾客深度交谈**

我在女装店工作的时候，我们店里有一位熟悉其他公司商品的员工。顾客一提到其他品牌的商品时，这位销售员就会滔滔不绝地说出"那家店的衬衫，肩部稍微偏大哈""那家店的针织剪裁衫，相比于衣袖的长度，身量显得有些短哈"之类的话。

一天，店里有一位手拿衬衫观察的顾客，这位销售员走上前，向他打招呼。

这位销售员问："您平时经常穿衬衫吗？"这位顾客回答："经常穿倒是经常穿，但是很难找到合适的衬衫。"据说这位顾客总是找不到肩部尺寸适合自己的衬衫。这位销售员一边询问"您试过什么样的衬衫呢？"一边对顾客说"那个品牌的衬衫的特点是肩窄，身量长，比较适合个子高、溜肩的人士穿。相比于那款，这款衬衫肩部要宽出两厘米，应该适合您哈"。

这位顾客带着钦佩的表情听完销售员的这番说明，之后说道："啊，难怪那个品牌的衬衫不适合我。这款衬衫应该没有问题，让我试穿一下吧。"

我们在了解其他店的情况的基础上向顾客推荐自家店的商品，会令顾客感到放心。那是因为，我们这样做可以帮助顾客消除对"如果去其他店，或许可能买到更便宜的商品"的担心。顾客可以从销售员那里了解到自己想要掌握的信息，所以认为销售员非常值得信赖。当然，我们要想解决顾客所有的疑问，或许比较困难，但是我们可以从点点滴滴做起，逐步积累知识。

另外,我们只是简单地为顾客讲述从其他店获得的知识,未必能够打动顾客。我们要避免使用贬低竞品的说法,因为这样做有可能给顾客造成恶劣印象。**要想把握顾客想要了解的内容,我们需要进行倾听。**我们可以根据顾客的需求,向顾客提供有关其他店商品的必要信息。如果我们对顾客做说明时,能够令其想象使用商品的感觉,那就更容易让顾客领略商品的魅力。

仅从外表无法弄清自家店商品与其他店商品的区别时,我们就去其他店调查一下,对商品进行一下比较吧。从专业人士的视角,通过对包括竞争对手店的商品在内各种商品的比较,我们就能够为顾客推荐更好的商品。不仅熟知自家店还了解其他店的销售员能够获得顾客的信赖,受到人们的尊重。

事先储备有关竞品的知识

NG（只了解自家店的商品）
"这款商品是○○。"

顾客不是只在我们自家店商品的范围内做比较，而是在包括竞争对手店商品的范围内做比较，所以有时会询问商品彼此间的区别。在这种情况下，销售员只是对"自家店商品的优点"加以说明，顾客还是一头雾水。

OK（在把握其他店商品与自家店商品的区别的基础上）
"那家店的商品是○○的，这个是□□的，适合顾客您的是△△的哈。"

在了解竞争对手店商品之后再向顾客推荐商品，可以加强顾客的信任感。为此，销售员需要在了解顾客平时经常光顾的是哪些店铺之后，走进这些店铺，对商品进行尝试。

16 与顾客的交流不止步于"没有库存了，只有这些了"的表达

"有黑色款的吗？""有比这个尺寸小的吗？"

在卖场，我们经常会听到顾客这样的询问。被问到这样的问题时，各位是怎么回答的呢？也许有人立刻就会做出"所有的都在这里了"的回答。听了这样的回答，一脸失望的顾客会怎么想呢？

● 认真地传递了准确的信息，为何遭遇投诉？

"我问销售员还有其他尺寸的吗？销售员根本不做任何查找，张口就说'没有'。"

在一家店里工作时，我曾收到过这样内容的投诉邮件。

我找来当时接待顾客的那位员工询问情况。这位员工说："当时，我事先就已经知道没有库存了，就认真地回答了顾客：'没有库存了，只有这些了。'"

销售员认真地传递了准确的信息，为什么会遭遇投诉呢？**那是因为顾客抱有"即使已经没有库存，销售员也会为自己**

想出其他办法"的期待。

顾客会冷静地观察店里的销售员是不是会全心全意地为自己服务。被销售员的行为所打动的顾客才会产生再次光顾这家店的想法。

这位销售员的问题出在回答顾客问题时仅仅止步于"没有库存了"的信息传递。销售员本来是想把准确的信息传递给顾客，可是顾客却感觉自己是被销售员冷淡地敷衍了。通过这条"根本不做任何查找，张口就说'没有'"的投诉短信，我们可以感受到顾客是有多么失望。越是被顾客高度期待的商品、店铺，收到的这样的投诉也就越多。

那么，在没有库存的时候，我们应该如何应对顾客的期待呢？

主要的应对方法有，再次确认商品的库存状况、向顾客介绍其他店的库存状况（或者让顾客预订）、确认下次到货的时间、推荐类似商品等。总而言之，我们需要站在顾客的立场上想方设法帮助顾客买到商品。

在这里，我给各位介绍一下收到顾客咨询时的应对步骤。各家店铺的应对方法可能会有所不同，请各位在掌握基本方法之后，结合实际灵活运用。

顾客　"这个还有新的吗?"

销售员　"我现在去商品仓库寻找一下。大概需要五分钟时间。您很着急吗?"

这样,我们在收到顾客的咨询之后,首先告知顾客自己的应对方式。如果商品仓库比较远,我们需要向顾客确认需要花一点时间是否会介意。对于等待我们回来的顾客而言,即使等待时间只有五分钟也会感觉很漫长。**我们向顾客传递等待时间的信息,有助于缓解顾客的若干压力。**

销售员　"尊敬的顾客,让您久等了,非常抱歉!这款商品特别受欢迎,现在只剩这一件了。如果其他店铺有新品的话,我可以帮助您预订,您觉得怎么样?"

顾客　"哦,怎么办才好呢?"

如此这般,我们要向等待的顾客表达谢意。如果有库存,我们就取掉塑料包装袋,用双手将商品摊开递给顾客。如果没有库存,下面的对应就很关键了。为了取悦顾客,**我们可以向顾客推荐预订这款商品,或者购买替代商品。**实际上,大多数销售员的行动都是在查看完库存就结束了。我将下面的对话作为参考提供给各位，各位在工作中不妨一试。

销售员　"尊敬的顾客，您想要一件新品，是不是要拿来送礼呀？"

顾客　"对呀，不过要是预订的话，比较花时间吧。我是准备明天送人的。"

销售员　"有一款商品和您刚刚看过的那款很像，您要不要看一看？"

顾客　"是吗，那让我看一看吧。"

像这样，其实有时顾客并不是"非要买哪一款商品不可"。我们尝试推测"顾客为什么会咨询那款商品"，向顾客提出问题，有可能会出乎意料地将商品卖出去。

在前面介绍过的店里，我们在接到来自顾客的投诉之后，对遇到没有库存的情况时的应对方式进行了调整。调整后，再遇到这样的场合，所有员工都会注意以向顾客询问"需要我们帮您查看一下其他店的库存吗？""方便告诉我这件商品的用途吗？"等方式来应对顾客。作为结果，我们之后再也没有收到过有关库存的投诉了。

后来，我们曾经收到过一封来自顾客的感谢邮件，这位顾客在邮件中写道："当时我想要买的商品没有库存了，销售员为我推荐了其他商品，让我感到非常满意，太感谢啦！"这次，我们不仅没有因为库存不足而造成销售额的损失，反而令顾客从心底里感到了愉悦。这封邮件极大地鼓舞了店里员工的士气。

我们在"没有库存了，只有这些了"的表述之后是否还有后续的表达，不仅对于销售额，对于顾客的满意度也会产生影响。满意度比较高的店铺更容易促成顾客的再次光顾，更广泛地获得粉丝。

与顾客的交流不止步于"没有库存了，只有这些了"的表达

NG "没有库存了，只有这些了。"

没有库存的时候，顾客会冷静地观察销售员的应对方式。顾客或许心想"应该是没有库存了"，但是自己是出于慎重考虑才向销售员提出咨询的。

OK "要不要我帮您看一看其他店有没有库存？""那样的话，我们也有类似的款式哈。"

销售员要尽全力不让顾客失望。"销售员想方设法为顾客寻找替代商品的形象"会深深地留在顾客心中，促使其成为真实顾客。

17 留意不过分使用"没有没有"的说法

作为站在卖场为顾客提供服务的销售员都会关注自己的仪容仪表，对内部的同事、外部的顾客都保持彬彬有礼的态度。看到这样的销售员，顾客也会觉得他们很棒。所以，销售员有时会被顾客夸奖"真可爱""真帅气"。此时，销售员应该怎样回答顾客才好呢？

● "受到夸奖时"的应对其实不容易

在我还是一名新员工的时候，一直在为"**如果受到夸奖，应该怎样应对**"而感到烦恼不已。刚刚入职时，我还会给人一种天真烂漫的感觉。当时，我经常会被顾客夸奖"可爱"。可是，我又不能做出"是的，很可爱"之类的回答。于是，**我总是会谦逊地说"没有没有"。**

一次，发生了这样一件事。那一天，我在店里接待了一位超过五十五岁不到六十岁的女性顾客。这位顾客极为善于夸奖人，接连夸我"真棒哈""很时尚哈"。当时，我感到不好意思，说出一连串的"没有没有"。于是，这位顾客流露出"我出于好意在夸你，你怎么这样"的表情，拉下脸来。之后的待客服务也没有什么结果。留心观察的前辈把我替换下来，走进卖场。之后一段时间，我出于内心的尴尬，只能在卖场走来走去。那一天，我完全丧失了工作热情，最终什么商品也没有卖出去。

为什么顾客会生气呢？

夸奖行为具有通过取悦对方而让自己得到满足的效果。**可是，顾客受到"没有没有"的否定时，感觉到自己的好意被辜负了。**

比如，在赠送礼物时，如果对方并没有表现得很高兴，我们会感到很尴尬吧。那位顾客夸奖我的时候，看到我的微妙反应，产生了"自己说了不该说的话"的感觉，进而陷入了不安之中。

- **要注意表示感谢，让顾客感到有面子**

在我作为实习生最开始工作的店里，员工全员端庄美丽，令我羡慕不已。当然，这样的员工被顾客夸奖"真漂亮啊"是家常便饭。当时，我有意识地将员工受到顾客夸奖时双方的对话记录了下来，在其中，我发现了一个共同点。下面我把一位前辈销售员与顾客交谈的内容介绍给各位。

顾客 "你今天的服装搭配也很棒呀！"
前辈 "谢谢您！被您这样时尚的顾客夸奖，我都有些飘飘然了！"

上述的对话是按照"**受到夸奖→表示感谢→通过夸奖顾客传递感谢之情**"的步骤展开的。这样，**我们的回应如果能让顾客感到有面子，即使不刻意地表示谦逊，也可以带给顾客谦逊的感觉。**

接下来，前辈又说了下面的话。

前辈 "其实，我是前几天看到您的服装搭配特别棒，就模仿了一下。受到这么多顾客的夸奖，完全是您的功劳呀！"

"自己受到夸奖，完全是顾客的功劳。"

如果各位受到这样的夸奖，能不感到高兴吗？当时，听了前辈的话，这位顾客也满面笑容地表示："是吗是吗？太高兴啦！"之后，这位顾客一直都很兴奋，购买了心仪的商品。

受到夸奖时完美应对的要点在于，首先使用"非常感谢!"的表达，坦率地接受对方的好意。不善言辞的人只要对顾客说这一句话，顾客就知道自己的好意被接受了。

接下来，我们要让顾客感到有面子。这个可能稍微有些难度。不过，我们可以根据受到的夸奖表述，制作只属于自己的回复顾客夸奖时使用的手册。

在被夸奖"很可爱"的时候，我们可以半开玩笑地对顾客说："身边的人没有人这么夸过我。不愧是您，善于发现哈!"在被夸奖"你真有趣"的时候，我们可以用"那是因为您善解人意呀!"的表达，让顾客感到有面子。我们努力不断丰富自己的这种对话储备就好。

在受到夸奖的时候，会不自觉地说出"没有没有"的人，大多是谦虚、低调的人。如果各位是这样的人，受到夸奖的时候，首先用"非常感谢!"的表达来致谢，就能看到对方微笑的表情。

此外，经常被夸奖的人也是善于夸奖的人。**让我们将自己受到夸奖时感到愉悦的表达作为夸奖别人时可以利用的储备，保存在内心深处吧。**

留意不过分使用谦逊话术

NG（受到夸奖）
"没有没有。"

销售员使用这种说法,本意是想要表达谦逊的态度,显示自己的低调,有时却会令顾客产生自己的好意被辜负的感觉。所以,切忌过多使用。

OK "非常感谢!受到您的夸奖非常高兴!"

受到顾客夸奖时,首先对顾客表示感谢。感到不知如何应对时,总之首先使用"非常感谢!"的表达,就能取悦顾客。

18 令顾客产生共鸣的秘诀

各位所经营的商品之中，充满了制作者的执着和思想。向顾客传递这些信息也是销售员的职责之一。近年来，伴随功能性产品的增多，需要向顾客宣传的要点也越来越多。我们要努力传递这些信息，让顾客产生"真棒""原来如此"的共鸣。

● 向没有兴趣的顾客介绍商品的优点会没有效果

这是我接待想要购买牛仔裤的顾客时的一段经历。牛仔裤看似很普通，其实各个厂家的产品都各具特色，仅通过外表观察无法弄清的地方有很多。所以，在接待购买牛仔裤的顾客时，我们需要先向顾客做商品解说，然后让顾客试穿一下。当时，公司商品部也发来了写有牛仔裤推荐要点的资料，并附上了一句"希望各位能够充满自信地向顾客推荐商品"。

看到顾客拿起牛仔裤时，我们就会按照资料上所写的那样，向顾客传递"穿起来很舒服""伸缩性非常好"等各种各样的有关牛仔裤优点的信息。然而，**不管我们怎么拼命地解**

说，顾客都无动于衷，完全没有反应。其中甚至有顾客对我的说明感到厌倦，打断我的解说问我："现在可以试穿吗？"当时我想"我也想把牛仔裤的魅力分享给顾客，不想点办法，这种顾客反应冷淡的状况会一直持续下去"，于是对牛仔裤的滞销开始感到焦虑。之后，每次向顾客讲解牛仔裤时，我都会暗下决心："我一定想方设法，让顾客产生'原来如此'的共鸣！"

我们越向顾客讲述商品的优点，顾客就越容易产生购买的欲望。各位有没有这样的想法呢？可是，为什么顾客会反应冷淡呢？我们在为顾客讲解商品的过程中，会逐渐陷入"顾客可能没有什么兴趣"的不安之中。我们或许还会归结为"是不是商品不好啊"的原因。然而，顾客之所以反应冷淡是另有原因的。

顾客之所以反应冷淡，是因为顾客对商品解说没有什么感觉。也就是说，顾客虽然听了说明，却完全没有代入感。

我们要想使顾客"对商品优点产生代入感"，做"针对优点的进一步补充说明"即可。假设，我们在销售一款"轻型锅"。我们如果只是说"这是一口很轻的锅哈"，或许顾客不会有什么反应。然而，如果我们对顾客说"我们单手举着很重的锅往盘子里倒东西的时候，拿锅的那只手的手腕会因为锅很重而颤抖哈。但是，如果使用这款锅，它很轻，就不会有那样的问题"，情况会怎么样呢？顾客一边想象自己正在使用的情景，一边听我们的说明，想必能够对锅很轻的特点做出更为接近现实的想象。

接下来，我们以下面的商品为例，为各位介绍一下商品的说明方法。

◎腕部宽松的上衣

　×"腕部很宽松，穿着方便。"

　○"腕部很宽松，乘坐电车手抓吊环时腕部不会有紧绷感。"

◎暖和的被子

　×"很暖和，一床就足够了。"

　○"只要一床就足够，不需要毛毯。无须担心睡着之后被子与毛毯会错位。"

这样，**我们如果围绕一个要点，结合顾客的生活方式进行认真说明，就可能令顾客产生"原来如此"的共鸣**。对于顾客而言，商品所有的优点未必都是优点。我们需要把握不同顾客的生活方式，让顾客更为容易地对商品的优点做出想象。

下面我给各位讲一讲前面提到的牛仔裤销售经历的后续。在一段时间里，我们陷入完全没有销售业绩的痛苦境地。然而，从某一天开始，情况出现了转机，销售额开始增长。那是因为我们开始为顾客对商品优点进行具有代入感的说明。

一次，我接待了一位顾客，这位顾客说她在寻找可以在上班时穿的牛仔裤。据说这位顾客是一位保育员，由于孩子们的视线比较低，她经常要蹲下身与孩子们交流。可是，她现在的牛仔裤材质比较硬，难以弯曲。要是以往，我可能会对这位顾客说："这款牛仔裤富有弹性，穿着很舒服。"但是当时，我却说："穿上这款牛仔裤，在攀登攀爬架的时候，腿部活动会很方便，攀登也会很方便。"

听了我的话，这位顾客表示强烈赞同地说："是呀，前几天就有一个孩子自己爬上了攀爬架却下不来了，需要我们帮他下来。是呀是呀，这种时候还是穿活动方便的裤子好呀！"在说话的时候，想必这位顾客已经在头脑中对于"牛仔裤富于弹性""自己动作轻盈地工作的情形"明确地展开了想象。从这次经历以后，我对于商品解说的工作终于有了得心应手的感觉。伴随这种"能够从心底里接受的说明"的叠加，顾客对于商品的好感和兴趣会进一步被激发。

我们在向顾客传递有关商品亮点的信息时，总是喜欢对各种各样的优点进行罗列。此时，我们需要按捺自己想要把商品所有的优点都传达给顾客的心情，**围绕一个优点结合顾客的生活方式进行说明**。在此基础上，我们还需要努力做到能够回答"使用后的效果如何"的问题。

解说商品时不以形容词收尾

NG "很轻。""很小巧。"

尽管销售员滔滔不绝地对商品的各种优点进行说明，顾客却没有什么感觉，反应冷淡。所以，销售员需要有意识地将话题延展至"为什么是这样""用了会怎样"的话题。

OK "即使在包里装入许多东西，肩膀也不会有疲劳感。"

即使是讲述常见的优点，也要结合顾客的具体情况进行说明，让顾客产生"原来如此"的共鸣。为了让顾客接受我们的商品，销售员需要在听取有关顾客的生活方式的信息之后，讲解商品的亮点。

19 不产生销售业绩的闲聊没有意义

"接待顾客时,如果把话题局限在商品上,是卖不掉商品的。想要把商品卖出去,就要与顾客闲聊。"

不知各位是否收到过这样的建议?闲聊是有助于对方了解自己的。鉴于通过与顾客闲聊能够加深顾客对自己的印象,众多人士将闲聊引入待客工作中。但是,我们也经常听到销售员与顾客快乐地闲聊了一个小时,却什么也没有卖出去的事。

- 与顾客闲聊了一个小时,卖出去的商品只有区区一件

我也曾经以为:如果和顾客闲谈容易把商品卖出去,和顾客谈论商品以外的话题,顾客可能会购买我们的商品。我原本是个认生的人,不擅长与人聊天。但是,面对"这样下去,今天还是会一件也卖不出去"的现实,我决定必须做些什么。于是,我参考善于聊天的前辈的意见,为了使顾客记住我,对顾客说了许多话,还故意逗顾客笑。

那时，我一旦按下心里的开关，各种话语就会滔滔不绝地喷涌出来。"您是骑自行车上班吗？我骑自行车时只会直行，不会转弯。"我常常会这样夹杂着玩笑与顾客闲聊，努力活跃聊天气氛，逗顾客笑，一时间双方的笑声持续不断。

一次，我与一位顾客闲聊了大约一个小时后，这位顾客说："时间差不多了，我该走了。这个我买了。"于是，这位顾客只拿了一件商品走向收银台。我急忙向这位顾客推荐："您看这个怎么样？"这位顾客回答"今天就买这一件吧"，委婉地拒绝了我的推荐。

"已经和顾客聊了那么长时间，拼命向顾客推销了自己，为什么还是不能把商品配套地卖出去呢？" 每当接待顾客时，我都会对自己的待客方式感到不安。

• 不是作为"闲聊对象"而是作为"专业人士"为顾客排忧解难

作为销售员，我们花了很长的时间与顾客闲聊，为什么还是不能把商品卖出去呢？那是因为顾客只是认为这位销售员是一个"努力与自己聊天，有趣的人"而已。**销售员原本具有"听取顾客的需求，为顾客消除烦恼，以及从专业人士的角度**

为顾客提建议"的职责。

通过与顾客的闲聊，销售员可以听取顾客的需求，打开顾客的心扉，拉近与顾客之间的距离。然而，如果脱离了根本目的，使得闲聊本身成为目的的话，再想把话题拉回商品上就比较困难了。连顾客都会认为"现在彼此聊得这么尽兴，实在不忍心打断"。另外，对顾客而言，只留下了"彼此聊得很投机"的印象，而没有留下"对方为自己提出了很好的建议"的印象。也就是说，**如果待客服务止步于闲聊，对顾客来讲来店的目的就从"购物"变成了"聊天"**。当然，顾客能够光临我们的店铺，对我们来说是一件幸事，但是**我们还是需要履行"作为专业人士为顾客提建议的职责"**。

- 相比于"活跃聊天气氛"，"听取顾客的话语"更重要

话虽如此，如果我们作为销售员绝对避免与顾客闲聊，顾客可能会觉得这个销售员是个"无趣的人""没有个性，没有特点的人"。那么，我们到底应该怎样做才好呢？

此时，待客的要点在于**不以"单方面与顾客聊天"为目的，而以"听取对方的话语"为目的，想方设法活跃气氛**。

回顾一下我们自己的待客经历，有没有顾客变成了我们倾听者的情况呢？我们需要将闲聊的话题放在顾客身上，努力为顾客营造能够充分表达自己需求的气氛。作为销售员，如果我们能够引导与顾客闲聊的话题，也就比较容易将话题拉回到商品上。

有一天，我去一家店里买包，接受了下述的待客服务。

销售员　"您会用包装什么呢？"
我　　　"钱包、手机之类的。对了，在包里找唇油总是很费劲。"
销售员　"我明白了。包里的小物件想要用的时候，总是很难找到哈。"
（闲聊持续一段时间）
销售员　"听了刚才您说的话，感觉您好像经常会随身携带小物件外出哈。"
（通过询问，将话题拉回商品上）
我　　　"是吗。不过，我还有电脑，必须有个大些的包哈。"
销售员　"要是那样的话，您看这款包上面有很多口袋。不管是唇油还是钢笔都可以分别收纳好哈。"

我从这位销售员那里买下包后，走出那家店时在内心里感叹："今天遇到的这位销售员让人感觉真舒服啊！"至今对当时的情景还印象深刻。第二天，我使用那个包的时候，在心里还会想："真的像那个人推荐的那样，这款包简直就是为我量身定制的呀！"之后，我还从这位销售员那里购买了出差用的旅行箱。

如此这样，我们要想提高顾客的满意度，促成顾客再次来店，向顾客推荐符合顾客需求的商品是不可或缺的。与顾客闲聊的时候，各位可以尝试采用**"寻找对商品说明有用的话题"**→**"提出问题，将话题引回到商品上"**→**"针对顾客的回答，提出建议"**的步骤。

我认为"与顾客闲聊时，要聊与商品无关的事""与顾客聊有关商品的事，是不会带来销售业绩的"之类的想法是有失偏颇的。如果能够树立"闲聊"不是待客的目的，而是听取顾客需求的工具的思维，闲聊的利用方法以及与顾客的交流方式也会发生变化。

善于在闲聊时转换话题

> **NG** 单方面的、滔滔不绝的闲聊

虽然与顾客闲聊很重要,但是过度的闲聊可能只会给顾客留下"那个销售员很有趣"的印象,而不会产生"选购商品时可以依靠那个人"的感觉。

> **OK** 将话题放在顾客身上的、倾听顾客话语的闲聊

能够调动顾客的情绪、回应顾客的期待才是专业人士。在与顾客交谈的过程中,听取顾客的喜好和需求。再抓住恰当的时机,以"那么,是○○吗?"的说法将话题引回商品上。

Column 3

针对不同性别的顾客，采用不同的商品解说方式

　　有些店铺的顾客是没有男女之别的。但是，针对同一款商品，男性顾客和女性顾客关注的重点会不同。我们假设"向男性顾客和女性顾客同样推荐一双一万日元的袜子"的场景，尝试制定了下面的解说话术。仅供各位参考。

　　在面对男性顾客的时候，我们选择理性的表达方式。我们告诉顾客："制作这款袜子的匠人为了达到'即使顾客穿上一年，脚后跟的部分也不会变薄'的目的而倾注了心血，在袜子脚后跟部使用了与其他部分颜色、材质不同的布料。"也就是说，我们在"那款商品之所以有价值，是因为〇〇"的〇〇部分之中，加入了男性顾客看重的内容。在其他情况下，我们可以使用强调"功能（结实耐用等）""细节（纽扣、刺绣等）""稀少性（〇〇限量品等）""品牌的历史"等的表述。

　　在面对女性顾客的时候，我们选择使用感性的表达方式。我们对顾客说："脚后跟部与其他部位颜色不同，穿着出门的时候,时隐时现的,也挺可爱哈。"也就是说,我们在"那款商品之所以有价值,是因为能够获得○○的感觉""能够给别人○○的感觉"的○○部分之中,加入了感性的内容。其他情况下,我们可以使用强调"会受到人们的夸奖""用起来舒服"的表述。此外,相比于使用具体的数字,使用"咔咔"等拟声词的表达,效果会更好。

当然,这不过是为了便于说明而举出的一个例子。让我们带着男女顾客的差异意识,努力掌握符合顾客需求的待客要领吧。

第 4 章

以具有决定性的表达
加强攻势

20 为什么仅仅强调"现在非常畅销"不能起到决定性作用

看到顾客对购买与否犹豫不决的时候，各位有没有出于从背后推一把的目的，而对顾客说过**"那款商品非常畅销""那款商品非常受欢迎，可能马上就卖完了"**之类的话呢？这样的表达有时会对促成顾客的购买行为起到决定性的作用，但是，有时顾客即使听到这样的表达，也不会表现出什么兴趣，做出什么反应。

● "现在非常畅销"真的是一句吸引人的表达吗？

在顾客对是否购买犹豫不决的时候，我也有对顾客说"现在非常畅销。这个非常适合您哈"的经历。有一次，我在店里接待了一位下班后逛店的女性顾客，向她推荐了当时很流行的一款裙子。她试穿在身上相当合身，与她当天的着装也很搭。可是，对于是不是购买，她一直是一副下不了决心的样子。见此情景，我对她说："现在，这款裙子非常畅销，买上一件很不错的哈。"

然而，这位顾客却一边说"还是不买了"，一边把裙子放回了原处。接着，她又面带歉意地说："你特意推荐给我，我却没有买，真是不好意思！其实，之前我曾经有过和公司的同事撞衫的经历。"之后，她就离开了卖场。

虽然"现在非常畅销"这种表达看起来很吸引人，但是对顾客而言未必是这样的。如同在这个例子中看到的那样，有些顾客并不是很接受流行款。在当时，如果我对上述顾客说"穿这件裙子的时候，采用不同的搭配方法，效果也会很不同哈"，她或许会有不同的反应。无论如何，我们需要针对不同的顾客，使用与之相符的"最终话术"。

• "不想与别人撞衫""不想遭遇失败"的心理

现在，有越来越多的顾客相信如同排行榜那样的第三方机构发布的评价结果。"人们在购物时为了避免失败，会借助于口碑网络""有人会参考妈妈之友的评论再购物"等都可以说是具有代表性的例子。在顾客内心里，"虽然不想与别人撞衫，但是值得信赖的东西还是想买"的心理在起作用。**"这个很受〇〇那样的人士欢迎"**可以说是能够突破顾客这种心理的一种最终话术。

假设，我们遇到一位因为不知该买哪一款跑步鞋而感到困惑的顾客。

对于跑步鞋，既有"从现在开始想要跑步"的需求，也有"作为专业选手，想要参加重大比赛"的需求。总之，可以说需求是多种多样的。如果我们面对每一位顾客都说"那款跑步鞋非常受欢迎"，那就有些缺乏说服力。

"这款跑步鞋很受和您一样想要开始跑步的人士的欢迎。即使有一天您不再继续跑步，这款鞋和便装也很搭哈。就是因为有这个特点，许多顾客才购买了这款鞋。"

通过上面那样的表达，我们同样是向顾客传递"这款商品受欢迎"的信息，但是因为是将促成与这位顾客需求相同的人士们购买的具有决定意义的信息作为最终话术传递给了这位顾客，相比于仅仅被告知"这款商品受欢迎"，该顾客会产生不同的反应。那是因为顾客可以通过听取第三方的使用心得来获得安心感，从而降低购买时的心理障碍。

● 关注"顾客购买商品的理由"

要想展开这种贴合顾客的话术，我们需要充分利用在平时的待客工作中获得的信息。这一点非常重要。也就是说，我们要在平时完成待客工作之后，进行"什么样的顾客，出于什么样的理由购买了什么样的商品"的分析。

我们可以按照"职业""年龄""性别""喜好""生活方式"等对顾客进行分类。如果以前面提到的跑步鞋为例，我们可以设置"跑步入门者，平时经常穿女性味十足的洋装的女性"之类的类别。一旦遇到"平时喜欢穿女性味十足服装、不习惯穿运动鞋的女性"顾客来到店里的时候，我们可以基于上述的分类，很容易地向顾客推荐商品。

另外，顾客通常是非常关心其他已经购买顾客的购买理由的。对其他顾客的购买理由越是能够产生共鸣，其购买的欲望也就越强。

我们可以询问已经决定购买的顾客："促使您购买这款商品的决定性因素是什么呢？" 不过，过于单刀直入的询问可能不太好。我们可以使用"您买到了心仪的〇〇，实在是太好了哈！"的说法，向已经决定购买的顾客提问。

销售员　"您买到了心仪的包，实在是太好了哈！"

顾客　"是呀是呀，电脑本身就很重，所以我一直在找一款又轻又结实的包。"

如此这般，顾客会很自然地告诉我们购买的理由。在收银、送别顾客的时候，通过不经意的发问，我们可以听到顾客坦率的感想。

我们从上述顾客那里听取了购买理由之后，可以对与这位顾客有相同需求的顾客说："这款包受到和您一样的需要随身携带电脑的顾客们的欢迎。他们认为电脑本身很重，而这款包很轻，便于携带，所以才决定购买这款包。"这可以说是"**这个很受和您一样的〇〇人士的欢迎。□□是促成其购买的决定性因素**"表达的一个应用。

不是所有顾客听到"现在非常畅销"的说法，都会感到高兴。许多人更关心的是"是否符合自己的需求""实际购买者的真实声音是怎样的"。所以，我们针对顾客采用"与您立场与喜好相同的人士出于〇〇的理由购买了这款商品"的说法更具说服力。这样，顾客就可以获得"与自己类似的人已经买了，那就不会有错"的安心感，以及"找到了完全符合自己需求的商品"的特别感受。我们也就能够为顾客提供令其满意的购物体验。

针对畅销的"理由"加以说明

NG "现在非常畅销！"
"非常受欢迎！"

听了这样的说法，顾客可能会产生"不喜欢买和别人一样的东西""跟谁都是这么说吧"之类的想法。因为是"对谁都能用兜售用语"，所以可能无法打动顾客。

OK "受到和您一样的○○人士的欢迎！"

思考贴合每一位顾客的表达。届时，讲述与顾客条件类似的顾客的购买理由以及使用后的感想，可以增强说服力。弄清对方的特点之后再说话非常重要。

21 采用"只剩最后这一件了"的说法要看时机

遇到对是否购买商品犹豫不决的顾客时，各位是否曾经用过**"只剩最后这一件了，还是现在购买比较好哈"**的说法呢？这是一种催促顾客现在不买就没有了的说法，旨在提高顾客的购买欲望。这个说法既可以帮助卖方提高销售业绩，又可以帮助买方避免错失购买的机会。然而，需要注意的是，基于只剩最后一件的理由，卖方做了推荐，买方实际购买了商品，双方就会面临意想不到的风险。那么，这个风险又是什么呢？

• 对于不急于购物的顾客适得其反

这是我接待一位购买项链的顾客时的经历。这位顾客看中的那款项链设计比较独特，店里只是少量进了一些而已。这位顾客被那款项链的特殊设计所吸引。但是，她总是在镜子前观察自己佩戴的效果，无法下定购买的决心。看着她的样子，我也曾经对她说："虽说这是一款很有个性的项链，但是它与各种各样的服饰都很搭。"我能说的话基本上都说完了，只能从旁边看着她举棋不定的样子。

后来,我实在看不过去,就对她说:"**只剩最后这一件了,可能卖掉了就没有了。**"她说"啊,是吗"之后,就陷入思考,但最终还是没有买。她走出店铺之前对我说:"**我这个人在购物时如果感到犹豫不决,一般都会选择不买。因为我觉得急急忙忙地买了,之后可能会后悔。**"她的这段话至今仍清晰地留在我的记忆中。

过去,销售员也曾频繁使用"只剩最后这一件了"的说法,不少顾客也按照销售员的建议下决心购买了商品。现如今,伴随这种说法的频繁使用,越来越多的顾客也遭遇了"当时着急就买了,之后根本没怎么用""销售员当时说就剩一件了,可是第二天偶尔经过那家店时,发现那款商品竟然还在卖"之类的失败。最近,广大顾客对于店家的"只剩最后这一件了"的说法,产生了"**或许是店家为了让我们购买而在说谎**""**千万不要被那样的说法骗了**"的戒心。

如今,我们使用"马上就没有了"这种说法,已经难以促成顾客的购买行为了。尤其是在与顾客的交流比较顺利、气氛比较融洽、待客工作取得进展的时候,我们更应该引起注意。怀着"不想被那样的说法欺骗而遭遇失败"想法的顾客,与因为让顾客产生这样的想法而丧失顾客的信任的销售员双方都会遭遇风险。

● 调整"只剩最后这一件了"说法的使用时机，提高满意度

话虽如此，"只剩最后这一件了"的说法也并不是不能使用的。**如果我们注意这种说法的使用时机，还是能够令顾客感到愉悦的。**

前几天，我的一位朋友在杂志上看中了一款大衣，就去店里寻找。当时，我也和她一起去了。这位朋友感觉大衣比较贵，对于是否购买有些犹豫。后来，她接受了销售员的建议，决定购买大衣，但是脸上依旧是一副"是不是再考虑一下比较好"的不安表情。想必这位销售员也看到了她的那种表情，在收银的时候说了这样一番话。

"说实话，这款商品就剩这最后一件了。为避免日后后悔，真的应该让您再多考虑一会儿，非常抱歉！不过，因为这款大衣的信息已经登在杂志上，一到货立刻就卖光。其他的店也没有库存，所以预订也很困难……因为这款大衣特别适合您，所以您能购买，我特别高兴！"

走出店铺之后，满心欢喜的朋友兴奋地对我说："这可是

最后一件呀，买了真好！要是现在不买，下次想买也买不到呢！"

同样是"只剩最后这一件了"的说法，顾客在决定购买之前和决定购买之后，对它会有不同的感觉。也就是说，"只剩最后这一件了"这个重要表达，不能用在促成顾客下决心购买的时候，而是应该用在提高顾客满意度的时候。

作为提高顾客满意度的做法，"令人回味的待客方式"是不可或缺的。在顾客决定购买之后，与顾客进行交谈就属于这种做法。**顾客决定购买之后，作为销售员的我们的行动决定了顾客是否还会再次光顾我们的店铺**。如果顾客切实感受到自己买到了好的商品，对店铺和销售员本人都怀有更高的好感，那么他们就会在心目中对店铺留下深刻的印象。所以，我建议在此时，各位充分利用"只剩最后这一件了"的说法。

- 不是"我可不上当哈！"而是"买到好东西啦！"

如果在顾客购买商品之前，我们对顾客采用"这个非常受欢迎""只剩下最后这一件了"的说法，顾客容易认为"这些都是诱导我们购买的招数"，进而对我们产生令人厌恶的印象。即使我们的说法符合真实情况，顾客也很难做出善意的理解。

那么，**我们可以将以往用于促成顾客下决心购买时的说法，在顾客决定购买之后的闲聊中加以运用。**在传递顾客购买的商品是如何与顾客相匹配的信息的时候，使用这样的说法非常容易给顾客留下深刻印象。如同在前面所举的例子中看到的那样，这样做既可以提高顾客的满意度，也有助于提升顾客对销售员的信任感。

以往我们为促成顾客购买时使用的"只剩最后这一件了"的说法，绝对不是什么禁忌的表达。我们如果一边思考顾客的想法，一边摸索使用这种说法的时机，还是可以让这种说法发挥提高顾客满意度的作用的。顾客的"再也不上当啦！"的心情和"买到好东西啦！"的心情是完全不同的。这种小小的用心的有无，会导致迥异的结果。所以，我们必须时时刻刻怀着这种意识，慎重地选择自己的表达。

使用"只剩最后这一件了"这一说法的时机很重要

NG （对于犹豫要不要购买的顾客）
"只剩最后这一件了，马上就卖完了。"

这是销售员在想要促成顾客做出购买决定时使用的一种提醒说法。根据使用方法的不同，有时会令顾客产生"我可不上当啊！"的戒心。

OK （顾客决定购买后，在收银台等处）
"说实话，这款商品就剩这最后一件了。"

在顾客购买之前使用这种说法，会令顾客生疑；在顾客决定购买之后使用这种说法，有助于提升信任感。后者会令顾客从购买商品中感受到喜悦。

22 向顾客追加推荐商品的要领

我们按照顾客的要求，向顾客推荐商品，顾客购买了我们的商品。这是令我们感到愉悦的事，也令我们感受到待客工作的乐趣。如果我们能够让顾客同时购买几件商品，可以提高"客单量"，提升销售业绩。为达到这个目的，作为店铺来说，就需要在追加推荐商品方面做出努力。

然而，我们如果使用的说法不当，也有可能会给顾客带来不愉快的感觉。其中，具有代表性的就是**在顾客结账前对顾客使用的"〇〇您不需要吗？"的说法。**

● "对要买的东西""不买的东西"同时做出决定

下面给各位讲一段我接待一位购买芳香油的顾客时的经历。当时，在店里我看到一位拿起一瓶芳香油在手中观察的顾客，问道："您平时使用芳香油吗？"后来，我了解到，这位顾客是第一次使用芳香油。于是，我决定将香熏机和芳香油一起推荐给这位顾客。这位顾客对我推荐的商品都相当感兴趣。我认为这位顾客也有可能会买香熏机，就非常积极地做了推荐。

经过我的一番推荐之后，这位顾客说"那么，今天我买这个"，然后把最初拿在手上的那款芳香油递给我。我回答说"好的，我明白了"，对于这位顾客不买香熏机的决定感到有些失望。最后，我不得不硬着头皮问："香熏机您不需要吗？"这位顾客一边苦笑，一边冷淡地回答"是的，今天就买那个"，流露出"我又没让你给我推荐"的神情。

看到顾客对自己推荐的商品反应不错时，我们不由得会认为顾客可能会购买我们的商品。然而，有时候**顾客虽然脸上浮现着笑容，在内心里却在做"这个对自己真的有用吗"的冷静思考**。许多顾客在说"我买这个"的时候，其实已经在内心里做出了"只买这个，不买其他东西"的决定。因此，当销售员为了促成顾客购买自己所推荐的商品而提出"这个您不需要吗？"的询问时，顾客是不会做出"啊，那个也买吧"的回应的。甚至，有些顾客会感到销售员有点强加于人的感觉。

- 使用不同的说法，有可能促成顾客的连带购买

有一点希望各位不要产生误解，那就是使用提醒说法并不

是完全没有用的。要想让顾客改变想法，下决心购买一度决定不买的商品时，我们需要选择适当的说法。

我们希望顾客再多买一件商品时，使用"我把○○也推荐给您+理由"的说法。听了这样的说法，顾客有可能会重新思考，进而产生"好容易出来买一次东西，或许把○○也一起买了会更好"的想法。下面，我给各位列举几个具体使用场景的例子。

◎将床衬垫与床一起推荐给顾客的时候

"我想把床衬垫也一起推荐给您。有了这个，即使孩子尿了床，也不会把床垫弄脏，放进洗衣机清洗即可。"

◎将钥匙扣与行李箱一起推荐给顾客的时候

"我想把钥匙扣也一起推荐给您。如果事先把钥匙扣挂在行李箱上，在机场取行李的时候，就不会拿错行李了。"

像这样，我们可以简洁地将商品一起使用时的好处，即推荐理由告诉顾客。讲述推荐理由时，针对顾客特别有好感的部分展开，效果会比较好。

有些顾客或许认为这样的表达与"请购买吧"的说法一

样,是一种有些强势的表达。然而,如果我们认为"顾客购买之后一定会发出'买了真好!'的感叹",那就满怀热情地积极向顾客推荐吧。**我们满怀信心地向顾客推荐商品也是会给顾客带来好处的。**

这是我接待一位购买开衫的顾客时的一段经历。当时,我将打底穿的针织剪裁衫与开衫一起推荐给了顾客。顾客回应说:"我今天只买开衫。"不过,之前这位顾客曾经说过:"我喜欢穿开衫,已经买了很多件。可是,没有合适的打底衫,总是搭配不好。"于是,我在内心里加强了信心,心想:"这位顾客要是有了这样一件打底衫,那些闲置的开衫也会重获新生的。"之后,我稍微加强语气对这位顾客说:"搭配针织剪裁衫很不错的哈。以前您买的那些开衫也都能派上用场。这次不买,可能就不容易买到这么合适的打底衫了。"听了我的说法,这位顾客说:"我确实有些纠结。还是买下来比较好哈。"最终,这位顾客将针织剪裁衫也一起买走了。

几天以后,在店里再次遇到这位顾客。这位顾客高兴地对我说:"买下针织剪裁衫真好!以前我都不会买针织剪裁衫的。要不是你向我推荐,我一直都不会知道针织剪裁衫的好处。这些日子,我每天都穿着它。"听了这位顾客的话,我也知道了自己充满信心对顾客所做的商品推荐是正确的选择,内心里也备感安慰。

"这个您不需要吗"这个说法，是将购买与不购买的选择权完全交给顾客的表达。然而，"我将〇〇也一起推荐给您"是旨在直接敦促顾客购买的表达。如果我们充满信心、满怀热情地向顾客推荐商品，我们认真待客的态度就可以感染顾客。

相比于内心想着"反正是不会买的"口头上却说"这个您不需要吗？"的流于形式的推荐方式，使用自己的语言充分展示自己的热情更为重要。

向顾客追加推荐一件商品时

NG　"这个您不需要吗（不买也可以吗)？"

这是销售员在收银前向顾客追加推荐一件商品时所使用的一种说法。顾客在被问及"您不需要吗?"的时候，往往会条件反射般地回答"对（不买)"。如果销售员使用手册上所写的那样的说法，顾客更会做出这样的反应。

OK　"我想将○○一起推荐给您。比如可以用于□□的场合。"

这是销售员向已经决定购买某件商品的顾客传递"如果同时购买○○，使用起来会更方便"的信息时所使用的一种说法。从专业人士的角度判断"有必要向顾客做推荐"时，可以用这样的说法，从背后推顾客一把。不过，过分执着的做法不可取。

23 向顾客同伴借力的方法

许多销售员对于如何接待父母子女、朋友、夫妻等双人顾客感到棘手。在接待这样的顾客时,我们不能只关注用手拿起商品的顾客,还要关注同伴顾客发挥的作用。**那是因为即使听了销售员尽心尽力的商品说明,顾客产生了购买的想法,也还是有可能被同伴顾客推翻的。**我们需要让两位顾客逐步接受自己的推荐,并听取每位顾客的意见,使之得到体现。

- 同伴顾客的言语对购买与否会起决定性作用

我曾经在一家女装店工作。当时,每当公休日来临,就有许多双人顾客光顾我家的店。在可以创造销售业绩的公休日,接待双人顾客是重头戏。一天,我在店里向一对二十岁出头的情侣推荐了一款项链。女性顾客很想买,认真地听了我的解说。当时如果没有男性顾客在场的话,女性顾客很可能就毫不犹豫地买下项链了。

但是,女性顾客在接受待客服务的同时也很在意男性顾客的态度，偶尔会说"对不起，让你久等了"，想要决定购买的时候还会问："喂，你觉得买这个好吗？"听了女性顾客的询问，男性顾客说："啊，我也不太清楚。不过前几天你没买过类似的东西吗？"听了男性顾客的话，女性顾客的原本因兴奋而泛红的脸一下子变青了。她一边说"咦，是吗？很像吗？"一边开始犹豫起来。最后，她对我说："店员，对不起！我还是决定不买了。"之后，他们走出了女装店。

对于销售员而言，这是接待双人顾客时经常见到的场景。想必各位都有遇到一方顾客已经决定要购买，但是听了另一方的意见之后又改变主意的经历吧。**人们在购物时，如果得不到对自己来说重要的人的夸奖，自然对于是否购买会感到犹豫。也就是说，购买的决定权未必在人们自己手中。**我们想要尽快听取同伴顾客的意见，将这样的意见体现到待客服务之中，应该怎样做才好呢？

在前面的事例中，男性顾客的一席话对女性顾客放弃购买起了决定性作用。在那之前，男性顾客感到很无聊。所以，女性顾客虽然很想购买，却对男性顾客有所顾虑而不免有些焦虑。

为避免这种情况的发生，我们可以招呼同伴的顾客参与到对话中来。具体到这个事例，我们可以主动对男性顾客说：

"这款项链很适合她哈,您觉得怎么样?"在女性顾客对颜色犹豫不定的时候,我们可以将话题抛给男性顾客说:"您认为哪种颜色好呢?"像这样,**如果我们能够营造出让同伴顾客也能很自然地参与到对话中来的氛围,同伴顾客就不会感到无聊,就会参与商品选购了。**

另外,如果我们能够让同伴顾客参与选购,在顾客感到犹豫不决的时候,同伴顾客还有可能提出"这是这位店员特意推荐给我们的,很好呀"之类的建议。由于第三方的意见对于是否购买的决定可以产生重大影响,所以同伴顾客的建议对顾客的购买可能发挥巨大作用。

我有一位后辈,她可以在最短时间内拉近与双人顾客的关系。有一次,她接待一对夫妇。男性顾客是一副毫无兴趣的无聊表情。后来,这位后辈主动向他招呼道:"先生,您更喜欢哪种颜色呢?"于是,男性顾客也就参与到选购的对话中来了。

男性顾客在不经意间透露出"最近我妻子总是穿裤子,我也希望她偶尔穿穿裙子呀"的内心想法。于是,后辈一边倾听双方的意见,一边为他们推荐了裙子的搭配方案。刚开始,女性顾客感到有些不好意思,但是在男性顾客的鼓励之下进行了试穿。

穿上裙子的女性顾客简直变成了另外一个人。看着女性顾客的样子，男性顾客难掩喜悦之情，女性顾客则是面露羞涩。目睹这样的情景，对于待客工作，后辈再一次体会到了得心应手的感觉。

其实，在许多情况下，同伴顾客并非对商品选购没有兴趣，只是没有机会参与对话而已。这种说法不仅对于同伴顾客是异性的时候，对于同伴顾客是同性的时候也是成立的。所以，**让我们以"您认为怎么样？""您认为哪一种更好呢？"之类的说法主动招呼同伴顾客，向他们借力吧。**

在前面的事例中，后辈也是常常会向男性顾客征求意见："先生，您喜欢哪一种？"她在听取两位顾客的意见的基础上，对需求进行梳理，推荐合适的商品，从而提高了两位顾客的满意度。

- 以正在试穿的顾客能够听到的音量与同伴顾客交谈

双人顾客中的一位顾客在试衣间试穿的时候，后辈还会采取一种特殊的应对方式。正在试穿的顾客有时会在意："正在等待自己的人会和别人聊些什么呢？"于是，后辈为自己立下了在试衣间的附近"以正在试穿的顾客能够听到的音量与同伴顾客交谈""谈论正在试穿的顾客的话题"等规矩。不仅限于试穿的时候，在顾客去收银台结账等短暂离开的时候，她也会这样做。如果我们询问顾客："今天您二位要去什么地方呀？"还可以获得对待客服务有用的信息。另外，顾客在自己短暂离开的时候听到别人谈论自己话题的声音也会感到高兴吧。

在接待双人顾客的时候，我们要注意不要只是招呼一位顾客，而是要邀请同伴顾客也参与到选购的交谈中来。有时，我们可以借助同伴顾客的力量，听取其内心想法，为推荐商品提供参考。为此，我们需要积极主动地提问以听取顾客的意见。

让同伴顾客也参与到选购对话中

NG 无视同伴顾客的存在

同伴顾客会认为"自己没有存在感"。正在接受待客服务的顾客也会介意感到无聊的同伴,无法集中精力购物。

OK (针对同伴顾客也提问)
"您认为哪一种更好?"

销售员要招呼同伴顾客,听取其意见,邀请其参加选购对话。销售员要树立"商品购买者是顾客,其同伴也是顾客"的意识开展待客工作。

24 从顾客的动作读取其内心想法

在销售员接待顾客的时候，让顾客试用商品是一个不可或缺的环节。各行各业的人士，通过服装的试穿、化妆品的试用、沙发的试坐、在超市里的试吃与试饮、在大型家电专卖店的音响扬声器试听等，为顾客提供实际体验的机会，借以增加顾客购买商品的机会。这样的时候，各位是怎样接待顾客的呢？此时，我们需要听取顾客试用后的感想，读取顾客的内心想法，进行替代商品、配套款式的推荐。

● **商品看似极为合适，顾客却不购买**

一次，我接待了这样的一位顾客。她在试衣间里试穿一件连衣裙。据她讲之前她经常穿裤子，所以在试穿之前难掩不安地频频对我说："我可从没穿过连衣裙呀。真的不知道合适不合适呀。"当时，我也只能在试衣间外忐忑不安地等着她。

穿上连衣裙之后，这位顾客走出了试衣间。结果完全不像她担心的那样，她穿着连衣裙的样子非常漂亮。我笑着对她说：“哇，真是太合适了！"她却是一副闷闷不乐的神情。即便如此，我心想"如果我夸奖'很合适'，她会产生自信，一定会满意地买下这件连衣裙"，就积极地做出"刚才您说'对于穿连衣裙有些担心'，其实完全没有问题哈""您的腿非常漂亮哈"等的表达。

然而，我做完一连串的表达之后，渐渐地感觉到有些无话可说了。于是，我终于陷入了沉默。在这段时间里，这位顾客一直在镜子前观察自己穿着连衣裙的样子，时而转身看看镜中自己的背影，时而用手拽拽裙子的下摆。过了一会儿，她轻声叹了一口气说了声"裙摆还是太短了，今天还是不买了"就重新走进了试衣间。我对于在顾客试穿过程中，没能为顾客解除烦恼而感到遗憾不已。

在销售员看来，在商品非常适合顾客、堪称完美的时候，顾客也有可能会觉得不尽如人意。 这种问题的发生都是有原因的。销售员可能因为不了解其中的理由而感到困惑。不论怎样，销售员忽略顾客的感受而只是出于单方面的想法向顾客推荐商品，是不能令顾客满意的。

- **从顾客的动作读取来自顾客的"信息"**

我们要想把握顾客的不适感，就不能放过顾客发出的任何信息。在前面举的例子中，"闷闷不乐的表情""转身看镜子里自己的背影""用手拽裙子的下摆"都是顾客发出的此类信息。

"闷闷不乐的表情"就是顾客在某些方面感到不满意的证据。从顾客的"转身看镜子里自己的背影""用手拽裙子的下摆"等动作可以看出顾客很在意裙子下摆的长度。顾客用手拽裙子下摆的时候，或许在内心里有"只要再长五厘米的话，就能挡住膝盖了""背影也确认过了，还是太短了"之类的纠结吧。

除此以外，试用口红的顾客"频繁照镜子"，试用披肩的顾客"不安地一遍一遍地重新往身上围"等都可以表明顾客对某些方面觉得不满意。总之，顾客会发出各种各样的信息。遇到这样的情况，我们既不要夸奖顾客，也不要加强攻势，而是要对顾客用言语表达自己的同情之心。

● 为消除烦恼而提出建议

前几天，我在一家店目睹了销售员接待一位试穿大衣的顾客的过程。这位顾客穿在身上的大衣，尺寸不大不小，非常合身。

但是，这位顾客以有些不能接受的表情盯着大衣的肩部。

于是，一位销售员用肯定的口气对这位顾客说："我觉得这件衣服的尺寸非常适合您，风格和您的气质也特别搭。不过，您是不是有些在意这件衣服的肩部呀？"顾客回答"是呀是呀，这种大衣穿在身上的时候，肩部会看起来很大，我挺介意的……"，将自己在意的问题告诉了她。

之后，这位销售员向这位顾客推荐了替代商品、搭配方案，解决了顾客对肩部的烦恼。她一边读取顾客的要求，一边展开接待工作。目睹着她接待顾客的情形，听着她们之间的对话，我禁不住对这位销售员应对顾客的话语频频颔首。当时的情景至今我仍记忆犹新。

金牌销售员看到顾客不能接受的表情时会主动对顾客说："我觉得挺棒的，不知您有什么不太满意的地方吗？"**为了避免给顾客失礼的感觉，我们先使用"我觉得"的说法软化语气，然后再确认是否有"不太满意的地方"。**如果给顾客一个表达的机会，顾客也会比较容易将自己的想法告诉销售员。

在顾客试用商品之后，为了激发顾客的购买欲望，各位是否会单方面地滔滔不绝地对顾客讲话呢？我们需要树立通过观察顾客的表情和动作了解顾客内心的意识。如果我们能够重视顾客发出的信息，对顾客使用表达同情的语言，就能提高顾客的信任感。

我们待客服务的目标是什么呢？那就是，顾客在接受服务之后能够做出"让那个人帮我看了一下尺寸真好""要是没有那个人在，我可能又是买了经常买的颜色了"等的评价。

读取顾客的没有口头表达出来的潜台词

NG "很合适哈！""没问题！"
（顾客试用后，流露出无法接受的表情）

我们有没有在顾客试用商品之后、流露出无法接受的表情时，不顾顾客的反应，依旧夸赞不止呢？无论我们如何夸奖，顾客由于存在顾虑，都是不会购买商品的。

OK "我觉得○○，不知您有什么不太满意的地方吗？"

这是在顾客觉得商品不合适、销售员询问其理由时使用的说法。如果销售员在询问之前用"我个人觉得"的说法软化语气，顾客应该会比较容易将自己的想法告诉销售员。

25 对顾客的"只有这个了，对吧?"询问的应对方法

顾客的需求是多种多样的。从体形、工作性质、外出场所到喜好等，我们要想满足各种顾客的所有需求是极其困难的。因此，有时我们的店铺无法提供完全符合顾客需求的商品。如果有顾客向我们表达"这个包的外面要是有口袋就好了""这个包要是有其他颜色的款式就好了"之类的想法，各位会如何应对呢？

• **销售员运用技巧可以消除商品劣势带来的影响**

这是我接待一位二十多岁的女性顾客时的经历。这位顾客身材苗条，她想买一件大衣。她对我说："我总是找不到适合我穿的大衣。"果不其然，我把店里最小号的大衣拿来，她还是感觉有点大。**但是，她非常喜欢大衣的设计，嘴里念叨着"只要尺寸合适，我马上就会买"，对于是否购买犹豫不决。**她反反复复地在镜子前观察自己穿大衣的样子，我站在她的旁边一语不发。因为我认为："没有比这更小尺寸的了，我也没

159

办法呀。"

这位顾客站在镜子前观察了一阵儿，心有不甘地问我："还是有些大哈？"不知如何是好的我回答道："是呀。在我们店里，您试穿的那件已经是最小号的了。"她点了点头，说了一句"今天还是不买了"，依依不舍地离开了服装店。

对顾客而言，即使发现了非常中意的商品，但是如果商品存在自己无法妥协的问题，还是很难下决心购买的。前面所说的那位顾客就是"虽然特别喜欢商品的设计，但是尺寸不合适"，只好放弃了购买。然而，**销售员运用自己的技巧有时是可以消除顾客所认为的劣势的。**

顾客嘴上说着"还是有些大哈""其他款的没有哈"的时候，未必是"对其他商品有什么期待"。其实，这位顾客正在期待销售员能够提出针对眼前商品的解决方案，即顾客采取什么样的方法，可以以接近顾客希望的方式使用该商品。比如，如果是尺寸偏大，销售员可以推荐"在大衣下面穿厚一些的针织衫""把袖子挽起来一点，也可以获得很好的视觉平衡效果"等应对方法。如果销售员不做这样的推荐，只是对顾客说"没有什么可以建议的"的话，顾客也就别无选择地放弃购买了。

如果没有其他能够推荐的商品，我们可以思考一下缓解顾

客不安的方法。诸如，顾客担心鞋子偏大的时候，我们可以建议顾客在穿鞋时在鞋中垫个鞋垫，顾客对家具的棱角有所顾虑的时候，我们可以向顾客推荐不显眼的粘贴保护贴的方法。此外，如果各位也购买了同款商品，还可以将一般人不知道的、作为各位的独门秘籍的应对方法分享给顾客。

● 对商品其他用途的解说可以促成成交

一次我出门旅行，在旅行目的地发现了一款酒具。我看到这款酒具的第一眼，就被它的精美设计迷住了，简直是爱不释手。然而，我一想到"平时自己在家中很少会饮酒，把酒具买回去也不会有什么机会用"，就开始对是否要买犹豫起来。看到我手中拿着酒具、举棋不定的样子已经持续一阵子了，一位销售员走到近前。我问这位销售员："我不太清楚这种酒具的使用方法。还有设计风格相同的其他产品吗？"这位销售员露出完全理解的表情，点了点头。接下来，她告诉我："采用这种设计的产品只有酒具。不过，虽说是酒具，除了用来装酒之外，还有各种各样的用法哈。"这位销售员向我推荐了除了装酒之外，还可以装用来拌沙拉的调味汁，用来做花瓶等在家里的许许多多用法。于是，我心想"这样的话，我把酒具买回去，应该是不会浪费的"，就放心地买下了酒具。

通常，销售员回答顾客"没有其他款的产品"时，一切就结束了。但是，如果销售员对商品的其他用途加以说明，有可能会促成顾客购买商品。其实这个事例中的销售员也买了这款酒具在家里使用，在使用过程中，发现了属于自己的使用方法。听了这位销售员的独门秘籍般的使用方法，我不由得感叹"原来还可以这样用呀"，感到自己好像捡了个大便宜。

人们在购买到一度曾经放弃购买的商品时会备感愉悦。**如果能够解决顾客对于商品感到担心的问题，顾客对销售员的信任感也会提高**。对于顾客而言，这样的体验会留在记忆之中，促使其再次去该销售员那里购买商品。

在这里，我必须做一个重要的补充说明。那就是在一些情况下，无论销售员如何推荐，都是不会有结果的。比如，有顾客寻找参加结婚仪式时穿的礼服，我们店里只有白色礼服，顾客使用某款化妆品身上会产生湿疹，都属于这种情况。在这种情况下，如果有其他商品，我们需要向顾客推荐其他商品。我们不能勉强促成顾客购买商品。遇到顾客对于是否购买某款商品犹豫不决的时候，我们需要在对"顾客购买了那款商品之后，能否会有愉快的体验呢"的问题做出判断，再决定是应该继续推荐那款商品，还是推荐替代商品。

在被顾客问及"没有设计风格相同的其他产品吧""没有比这个再大的了吧"的时候,我们不要止步于做出"没有"的回答。此时,如果我们以自己的方式提出建议,有时顾客也会认为"那样的话就没问题了",进而放心地购买我们的商品。如果发现顾客"非常看中某款商品,但是感觉商品存在自己无法妥协的问题",我们可以站在顾客的立场上,贴心地为顾客解决问题。

店里没有顾客想要的商品时的待客服务
考验销售员的真本事

NG "店里只有那个……"

这是在被顾客问及"没有设计风格相同的其他产品吧"的时候,销售员经常使用的说法。听了这种说法,顾客或许会产生自己被放弃的感觉。使用时需要引起注意。

OK "很不凑巧,现在只有那个。不过……(推荐其他商品)"

有时,顾客无论如何都不愿放弃眼前的商品。在这种情况下,销售员可以推荐"如果您比较介意肩部的宽度,可以佩戴项链来分散人们的视线"之类的解决方法。

26 在收银台把握拉近与顾客关系的机会

在收银台，准确地为顾客结账，迅速地包好商品，是销售员需要掌握的最基本的技能。看到销售员专心于手头的工作，动作敏捷地处理各种事项，顾客会不由得产生好感。不过，收银台也是在顾客决定购买商品后，销售员与顾客做最后交流的场所。为了加深顾客对于待客服务的印象，促成其再次来店，我们需要做这样的定位，即收银的时间也是与顾客交流的时间。

- **"请稍等，您可以在店里随便看看"的说法不够热情？**

礼品季的一天，我协助一位顾客挑选礼物。我陪着顾客"那也不行，这也不行"地在卖场转来转去，终于选出了顾客满意的礼物。当时，我们聊得越来越投机，感觉彼此的距离也拉近了。

顾客结账之后，我着手礼物的包装。我以为"虽然只有五分钟左右的时间，但对顾客来说会觉得很长吧"，就对这位顾客说"**如果您不介意的话，可以利用等待的时间在店里随便看看哈。**"然而，听了我的话，这位顾客感到有点不知所措，一边回答"啊，嗯，好"，一边走到离收银台不远的地方一动不动地等待包装工作的结束。我本以为顾客一定会在店里闲逛消磨时间的，所以看着正在等待的顾客不免心生焦急。结果，平时马上就能完成的包装工作，那天我竟然花费了两倍的时间。结账前曾对我说"你陪我一起挑选，真是太好了"的这位顾客，也是一副"到底要让我等多久"的表情。好不容易和顾客建立了良好的关系，却因为在收银台的环节上耽误了时间，使得与顾客的关系又变得疏远了。

"请稍等，您可以在店里随便看看"是一种固定说法。销售员面对还没怎么在店里逛过的顾客、还有感兴趣的商品的顾客使用这样的说法，会显得比较贴心。然而，**对于在店里角角落落都逛过的顾客而言，已经没有什么可看的地方了**。所以，前面提到的顾客听了我的话之后感到困惑，选择在收银台附近等我把包装工作做完。

另外，在店内角角落落都逛过的顾客对于销售员，对于整个店铺都会变得越来越感兴趣。有时，他们会希望通过与销售员的对话了解更多的有关店铺和销售员个人的信息。如果我们对这样的顾客使用"您在店里随便看看吧"的说法,就会给顾客一种"公事公办""冷淡"的印象。我们应该树立将收银台变为"向顾客传递有关自己和店铺信息的场所"的意识,重新审视在收银台的待客方法。

● 仅在收银台与顾客对话,顾客就表示"还会再来哈"

我们不要使用"请稍等,您可以在店里随便看看"的说法,而是**在包装商品的时候,有意识地与顾客交谈。**

在我曾经工作过的一家店里,有一位获客能力很强的员工。虽说她灵活运用话术的能力并不至于比别人强上一倍,但是凡是她接待过的顾客在几周之后会毫无例外地再次光临我们的店铺。一直觉得她非常不可思议,终于有一天,我向她询问秘诀,问她到底是怎样做到的。

后辈对我说:"我只是注意在收银台和顾客聊天而已。"她会和顾客聊"接待顾客时没说完的话题""实际上只剩这最后一件了"之类的话题,总之话题的范围很广泛。她告诉我,**一边做手头上的工作,一边与顾客交谈非常重要。**她说:"在收银台,顾客已经决定了购买,就不用担心被兜售,所以彼此可以轻松地交谈。通过交谈，彼此之间可以了解到各自意想不到的一面。"

在顾客排队的时候、店内拥挤的时候、顾客比较着急的时候，我们在收银台需要进行快速的应对。然而，如同后辈所说的那样，我们也需要重视在收银台与顾客的对话。

● 一边与顾客交谈，一边准确处理收银工作

在一边为顾客包装商品，一边与顾客交谈的时候，我们需要注意以下几点。首先，我们要准确处理收银工作。**在收银的时候，我们对顾客说"那么，请您付款"之后，要将精力集中到对款项的确认上**。之后，在折叠服装等商品时，要认真检查商品上面有没有破损和污渍。因为万一顾客把残次品拿回家，会对我们感到失望，我们和顾客在店里的欢谈也就变得没有意义了。让我们留意这些问题的同时，享受与顾客的对话吧。

如果各位不擅长一边工作一边交谈，我建议各位可以做"一边做事一边说话的训练"。各位可以采用"一边做菜，一边尝试解说做菜的方法""一边玩游戏，一边尝试和人对话"之类的一边做着什么一边和别人对话的方法。或者，在练习包

装的时候，尝试边说话边练习，就会自然而然地掌握边交谈边工作的能力了。有时，我们也可以尝试一边看着对方的脸一边工作的练习。

相比于"请稍等，您可以随便在店里看看"这种说法，顾客有更为向往的东西。那就是作为销售员的各位自己的信息以及各位与顾客可以共同度过的时光。为了促成顾客的再次来店，我们需要真诚地应对顾客。

通过在收银台的交谈拉近与顾客的距离

NG "请稍等，您可以在店里随便看看。"

对于已经对店里商品做过充分研究的顾客、之前聊得很投机的顾客，要避免使用。顾客有时会认为这是写在手册上的套话，具有公事公办的感觉。

OK "接下来，您要去哪里呀？"

在包装商品时，销售员主动与顾客说话，可以给顾客留下容易亲近的印象。同时，顾客可以观察包装工作的进展情况，不会有等待时间过久的感觉。

27 如何向顾客推荐积分卡将顾客发展成会员？

现在，包括百货店、购物中心和车站大厦在内，几乎所有的商业场所都发行积分卡①，其中有些店铺还制定了会员发展目标，全店正上下一心为实现目标而奋斗。积分卡有助于促进顾客的复购，我也想把这种方式推荐给各位，不过有些店铺在发展会员方面遭遇困难也是事实。

- **推荐积分卡发展新会员的能手会向顾客说明入会办卡的好处**

我曾经在位于某购物中心内的一家店担任店长。那家购物中心，会定期举办发展新会员大赛。因为获得冠军的店铺能够

---

① 在日本，办理了积分卡的顾客，在店里购物后，会根据所购物品的金额获得积分，一般是 200 日元或 100 日元积 1 分。日后，顾客可以使用这些积分兑换商品，或者在购物时抵扣相应的金额，一般是 1 分可以抵扣 1 日元。积分卡中，既有可以在多家店铺通用的积分卡，如"T 积分卡""Ponta 卡"等，也有由某个购物中心甚至某家店独自发行的，只能在这个购物中心、这家店使用的积分卡。此外，积分卡还可分为带信用卡功能的和不带信用卡功能的两种。——译者注

得到豪华的奖品，所以比赛气氛相当热烈。我担任店长不久恰逢比赛季，我也和所有员工一起干劲十足地想要争当冠军。比赛开始后，其他员工不断地获得新会员，只有我一个人一直没有开张。身为店长，我却完全没有任何业绩，一时间感到非常焦虑。

顾客结账时，**我问顾客"您有〇〇卡吗"，有的顾客会回答"没有"**。我心想"这次一定要说服他办一张"，就会问"要不要为您办一张"，对方回答"没关系的"，于是我们的对话就此结束了。我想着"没关系的，就是不需要的意思吧""反正顾客手上已经有很多卡了"，对于发展新会员已经死了半条心。

接受办积分卡的顾客和不接受办积分卡的顾客到底有什么差别呢？那是由我们在收银台做推荐时的推荐方式的细微差异造成的。

在前面的例子中，当顾客回答"没有卡"时，我会问"要不要为您办一张"。乍一看我的应对是正确的，却没有告诉顾客办卡能给他们带来什么好处。想必根本不知道积分卡好处就能无条件地接受办卡推荐的顾客是很少的。在向顾客推荐办积分卡时，**我们必须围绕"能够吸引顾客办卡"的好处，以简单易懂的方式对顾客进行简洁的说明。**

在前面所说的发展新会员大赛时,我们店里有一位销售员,一天能为顾客办许多张积分卡。这位销售员的办卡工作是那样顺利,令我感到特别不可思议。于是,我决定暗中观察这位销售员是怎样向顾客推荐积分卡的。

这位销售员询问一位顾客"您有〇〇卡吗",这位顾客回答"没有"。到此为止,我和这位销售员的做法是一样的,但是,接下来就不同了。这位销售员说:"如果您办一张积分卡的话,存在卡里的积分是可以用来抵扣消费金额的。要不要为您办一张呢?"也就是说,这位销售员在问顾客"要不要为您办一张"之前,先向顾客说明了办卡的好处。听了销售员的介绍,顾客开始流露出兴趣,问道:"咦?你说的积分,在哪些店可以用呀?"至此,各位了解到我所接待的顾客和这位销售员所接待的顾客做出的反应是截然不同的。

我们需要在表达"要不要为您办一张"之前,先行向顾客讲解想要推荐的积分卡的好处。当时我们向顾客推荐的积分卡都是带信用卡功能的。当然,市面上也有不带信用卡功能的积分卡。如果是这样的积分卡,我们在向顾客讲解卡的好处时,可以采用**"这是一款不带信用卡功能的免费积分卡"的表达**。此外,我们面对顾客推荐积分卡的时候,还可以使用这样的话术——"您经常在这里购物吗?如果是的话,还是办一张卡比较划算哈。"

- **讲解优惠信息时，要以顾客不产生"销售员有些纠缠不休"的感觉为度**

积分卡办卡业绩高的销售员还有一个共性。那就是即使顾客回答"没关系的"，也**不简单地放弃**。这样的销售员会向顾客传递"针对顾客的优惠信息"，如果**这样还不见效，就在顾客产生"这个销售员有些纠缠不休"的感觉之前停止推荐**。比如，这些销售员会在得到"没关系的"这一回答的时候，对顾客进行"如果今天您的购物金额达到○○日元，您就可以获得□□个积分哈"的补充说明。有些顾客正是听了这样的说明才产生了"确实办个卡比较划算"的想法。

各位对积分卡看法的不同，会决定能够接受办卡推荐顾客的多少。和接待顾客、向顾客推荐商品时的逻辑是一样的，我们认为"向顾客推荐积分卡"是"在做对不起顾客的事"呢，还是认为"因为这张积分卡非常棒，所以一定要推荐给顾客"呢，决定我们的办卡业绩会大相径庭。

如果我们认为积分卡是一张"很棒的卡"，在向顾客做推荐的时候就不会有内疚感。言谈和表情都会表现出自信，顾客也会认为"这个人确实是觉得卡很好,所以才推荐给我的"。

相反,如果我们觉得自己在做"对不起顾客"的事,那么我们也会表现出没有自信。看到我们的表情,顾客应该也会想"一定是有任务吧""好像有坑,躲着点比较好"。我们如果事先对积分卡包括缺点在内的所有特点都加以了解,自己也尝试使用,从而对积分卡体验感进行确认的话,就能更有信心地向顾客推荐了。

如果各位正苦于积分卡办卡业绩不佳,那就请重新审视一下自己是否有效地将办卡的好处传递给了顾客。为此,**我们需要加深对积分卡的了解,确认哪里才是最好的亮点**。在此基础上,再考虑简洁地向顾客传递信息的措辞,对于回答"没有"的顾客积极展开推荐。

向顾客讲解积分卡的好处

NG "您要不要办一张（积分卡）呢？"

销售员如果这样直接询问，大部分的顾客会回答"不需要"。另外，在许多情况下，销售员都会抱有"反正不会办的"之类的固定观念。

OK "积分卡里的积分是可以直接用来购物的，您不办一张吗？"

销售员针对积分卡的好处进行说明，容易激发顾客对办卡的兴趣。届时，要使用不会引起误解的措辞。

28 不把送客变成"倒添麻烦的好意"

顾客结账之后，通常销售员会说"那么，我送您到店门口"，然后为顾客引路。我们采用一直到将顾客送走才结束的待客方式，对于向顾客表达"非常感谢您的光临"的心情而言是不可或缺的。但是，有些顾客对于销售员送自己到店门口的做法感到有些别扭。

- **送顾客到店门口是"倒添麻烦的好意"？**

前几天，我听收音机，当时收听了一个介绍听众来稿的节目。那天的主题是"您认为哪些服务属于倒添麻烦的好意"。广播电台介绍了一份反映对店铺的送客服务感到不舒服的投稿。DJ 和嘉宾们也对这位听众的意见表示赞同，有位嘉宾甚至说道："对呀，这个真难为情呀！我就买了一件五百日元左右的打折品，却被店员特意送到门口，太夸张了吧！"

听着收音机的时候，我忽然想起曾有朋友问过我"店铺方面是教育员工要将顾客送到门口吗"。对于销售员将顾客送到店门口的做法，不少顾客感到不理解。

我们认为是出于好意才特意将顾客送到店门口的，为什么会有负面印象呢？那是因为**我们这样做会令顾客产生"让您特意送我，真是不好意思"的感觉**。店铺方面是想通过特意送顾客出门来表达对顾客的感谢之情。但是，顾客会产生店家有些过于强势地表达这种感谢的感觉。

一些顾客反映：销售员在送别顾客的过程中，如果一语不发，自己会感觉很尴尬。人们认为销售员与顾客没有什么特别的交流，走到门口，销售员将商品递给顾客这一连串的动作根本没有什么意义，或许也是有道理的。

那么，销售员选择不送顾客会比较好吗？绝不是这样的。**其实送别顾客的环节，与在收银台的环节一样，这里有给顾客留下良好印象的绝佳机会**。为了抓住这样的机会，销售员需要稍微转换一下自己的思维。

通过略微的思维转换，**将送客的目的是"为了顾客"调整为是"为了自己"**。一般而言，待客的目的是为了顾客，但是这个不同。我们需要怀着"我还想继续和顾客交谈。送顾客到门口的时间虽然很短，但是可以稍微再相处一会儿"的心情送顾客走到店门口。如果顾客感受到了我们依依惜别的心情，也应该会想"那么，我们一起走到店门口吧"。我们要想传递这样的心情，**不要使用"我送您到门口"的说法，而要使用"请让我和您一起走到门口吧"的说法**。

● 擅长送客的销售员的"落幕交谈"

销售员为了与顾客愉快地度过走到店门口的这段时光，会与顾客进行"落幕交谈"。所谓"落幕交谈"**是指销售员回顾在待客过程中与顾客谈话的内容**。"落幕交谈"起源于电影的演职员表、结婚仪式（婚宴）的婚礼跟拍。人们会一边观看，一边对电影和结婚仪式进行回顾，进而发出"啊，真精彩的电影！""真棒的结婚仪式！"等感叹。像这样，我们可以通过对待客过程的回顾，加深顾客对我们待客服务的印象。在电视节目结束时，主持人通常会总结说："今天的○○特辑到此播送完毕。我们明天再见！"我们也要努力争取这样的效果。让我们也将这样的方式运用于今后的待客工作中吧。

在我经常去购物的一家店铺里，有一位擅长送客的销售员。每当我要离开店铺的时候，**这位销售员总是说"您好不容易来一趟，就让我和您一起走到店门口吧"，然后为我引路**。

这位销售员走在我前面，一边走一边会将身体扭向我，对我说"您好像说过，接下来您要去参加酒会吧""今天您选择了一直不太喜欢的紫色，这是重大突破呀。您回家之后，和您的灰色披肩试着搭配一下哈"之类的话，回顾两个人之前对话的内容。听了这位销售员的话，我也会想起"啊，今天确实说过那样的话"，在不知不觉之中，就已经到了店门口。换了其他销售员，或许会觉得到达店门口的时间比较漫长，而有这位销售员相伴，那只是转瞬之间的事。在店门口，我们彼此道别，然后分手。我会带着"今天受到了热情的接待"的满足感回到家里。

像这样要想令顾客对待客服务留下回味，送别谈话是必不可少的。就像来家里做客的朋友要回去的时候，我们会送他们到大门口一样，目的是要传递一种彼此亲如一家的感觉。

说句题外话，在店内很忙的时候，我们也可能没有精力送顾客到门口。在这种时候，我们要说一句"我本想陪您走到店门口，但是现在其他顾客还在等着我结账，我们只好在这里道别了"，会给人很有礼貌的印象。如果不这样与刚刚结完账的顾客打个招呼，就匆匆忙忙地接待下一位结账顾客，有些顾客会产生"今天有些忙，根本没人理我"的不满情绪。在这种工作繁忙的时候，销售员只要对顾客解释一句，顾客还是会欣然地表示理解的。

对顾客而言，毫无意义的送别或许是"倒添麻烦的好意"。但是，如果我们能够将"自己珍视与顾客分别之前的时光"的心情传递给顾客，想必顾客的想法也会发生变化。为了能够让顾客怀着快乐的心情返回家中，让我们将为顾客送别的环节也定位为彼此交流的环节吧。

送别顾客时不能令顾客感到尴尬

NG "我送您到店门口。"

只要向顾客询问在接受待客服务时遇到的问题，必然会有顾客提及"毫无意义的送别"服务。然而，有时销售员不做这样的送别，有些顾客也会产生不满。

OK "请让我和您一起走到门口吧！"

这个说法不带有强加于人的色彩，而是用于表达"直到与顾客分别一直都想和顾客在一起"的心情。不是采取"我送您"的态度，而是采取"让我和您"的谦虚态度非常重要。

29 令顾客感到愉悦的夸奖方法

我们可以通过夸奖顾客所持有的物品以及顾客的容貌来拉近与顾客的距离。人们常说"没有人会讨厌被人夸奖",现实真的是这样吗?

在待客培训班上讲课的时候,我曾经问过参加培训的学员这样的问题,那就是"自己作为顾客接受待客服务的时候,销售员的什么做法会令人感到别扭"。**有不少人反映比较厌恶"销售员对自己的刻意的夸奖"**。为什么会这样呢?销售员到底是如何面对顾客做出夸奖的表达的呢?

● 夸奖顾客时要避开所有人都已经注意到的地方

一次,我和一位朋友一起去购物。那天,这位朋友佩戴着一对比较大的耳钉。耳钉设计独特,闪闪发光,极为引人注目。那一天,我们二人逛了许多家店。每到一家店,销售员接待她时,一定会夸奖说"您的耳钉真可爱"。她相当擅长打扮,所以身上值得夸奖的地方应该有很多。可是,那天,人们只是夸赞她的耳钉漂亮,实在令人感到不可思议。

刚开始,她还能够以微笑应对,喜形于色地认真回答对方"是呀,我也挺喜欢的"。可是,从许多人那里接连得到同样的夸奖之后,她就开始只做"啊,是呀"之类的简单的回答了。看着她的样子,我认为她已经产生了"真是烦死了"的感觉。

我们出于好意夸奖对方,有时却会产生令对方厌烦的反作用。为什么原本是夸赞的语言却会产生反作用呢?那是因为越是对夸奖别人怀有义务感的人,越是容易对所有人都已经关注的地方进行夸奖。

通过对顾客的夸奖,销售员可以缩短与顾客的距离,顺利开展待客服务。这可以说是一条待客理论。可是,如果夸奖本身变成了目的,销售员就容易养成"必须在第一时间对第一眼看到的地方加以夸奖"的不良习惯。每个销售员都做这样的夸赞的话,受到夸奖的地方自然而然地就会重叠。每次总是同样的地方受到夸奖,一些顾客慢慢会变得习惯。但是还有一些顾客会意识到销售员是"为了卖货才夸奖自己的",结果会非常令人扫兴。

- **对自己真心认为好的地方进行夸奖**

我们采用什么样的夸奖方法才能够拉近与顾客的距离,获得顾客的信任感呢？首先**我们要有意识地"对自己真心认为好的地方进行夸奖"，而不是对"显眼的地方进行夸奖"。**如果我们过于急于夸奖顾客，就容易只注意顾客表面的地方。然而，在与顾客展开交谈、冷静观察顾客的过程中，我们就能够发现其他的值得夸奖的地方。当然，销售员对所有人都已经注意到的地方进行夸奖的时候，顾客也应该会感到愉悦。

对于引人注目的地方，想必各位也会产生"确实太棒啦，必须夸一下"的想法。在这种时候，我建议各位采取"稍作添加"的方法。比如，我们在夸奖顾客的时候，可以加上"从刚才开始我一直关注着一件事""难不成您和我的喜好差不多"之类的表达。

我们通过这样的表达，可以向顾客传递"我觉得您佩戴的物品确实太棒了。实在是不吐不快"的信息。即使我们与别人一样夸奖了顾客相同的地方，如果能够将我们发自内心的赞美之情传递给顾客，顾客还是会感到愉悦的。**如果销售员使用自己的语言对顾客进行夸奖，顾客就不会产生一种强加于人的感觉。**

接下来，我再给各位讲一下那次陪同朋友购物的经历的后续部分。那一天，我们走进一家店铺，那家店是当天我们逛的最后一家店。在接受一位销售员的待客服务的过程中，这位销售员忽然向这位朋友问道："对不起，我从刚才开始有一件事一直想问问您……您的针织衫真漂亮，是在哪里买的呢？"

那一天，人们的话题一直停留在耳钉上，突然被问及针织衫的时候，这位朋友稍微有些吃惊，后来她满面笑容地做出回答："其实这件针织衫是昨天刚买的，我特别喜欢，今天就穿出来了。你和我的喜好可能差不多哈。"之后，二人围绕各自常去的店闲聊起来，聊得相当投机。

与只夸奖这位朋友的耳钉的其他销售员不同，这位销售员向这位朋友表示了自己认为她穿的针织衫很棒，对她的耳钉以外的地方进行了夸奖，这位朋友非常高兴。那天，她购买了与针织衫很搭的裤子，据说之后她也经常光顾那家店。

当时可以看得出，这位销售员虽然在待客方面还有些生涩，但是她是在尽全力、坦诚地想要将自己的感受传递给顾客的。这位朋友感受到这位销售员"发自内心的夸赞"，于是也就加强了对这位销售员的信任感。

不要认为"只要夸奖顾客，就能把商品卖出去"，现实绝非如此。因为对于销售员是否是在发自内心地夸奖顾客，顾客自己是可以敏锐地感觉到的。流于形式上的夸奖是无法打动顾客的。对于我们真心认为好的地方，除了使用赞美之词之外再加上自己的表达，就一定能够令顾客感到愉悦。

在真心想要夸奖的时候进行夸奖

NG 对最引人注目的地方进行夸奖

不少顾客认为销售员对自己的最引人注目的地方进行夸奖时,只是在做做样子而已。有时也会遇到所有销售员都只夸顾客同一个地方的情况。

OK (加在夸奖表达之前)
"从刚才开始我一直关注着一件事……"

如果发自内心地夸奖顾客,我们的赞美之心就能传递给顾客。为避免顾客对于夸奖产生一种强加于人的感觉,我们需要养成"稍加添加"的习惯。

Column 4

使用"卡片"时，把握称呼顾客名字的机会

金牌销售员认为"称呼顾客名字"是拉近与顾客距离的一种办法。

话虽如此，对于出道不久的销售员而言，接待顾客时称呼顾客的名字还是有些难度的。所以请务必抓住顾客使用"积分卡""信用卡"结账的机会。届时，我们查看卡片上所写的顾客名字，将其读出即可。

关于名字的话题，我们也可以展开与顾客的对话。如果我们做出"您的名字和我一样""您的名字真好听"之类的表达，许多顾客会做出回应。通过在收银台与顾客的交谈，我们可以加深顾客对我们的印象。所以，如果我们觉得"刚刚接待顾客的时候，气氛不够热烈"，此时我们就有了挽回的机会。让我们怀着这样的意识，努力拉近与顾客的距离吧。

原本大声告诉顾客"〇〇先生/女士，现在把卡还给您"的目的是要避免在卡片交接过程中发生差错。当然，偶尔也会有顾客批评我们"随便看顾客的名字是不礼貌的"。如果他们了解了我们这样做的意图，也就绝对不会认为我们的做法不礼貌了。如果被问到"你是怎么知道我的名字的"，我们解释说"为了避免在卡片交接过程中出现差错，我对您的名字进行了确认"即可。

在为顾客送别的时候，我们需要做这样的表述："○○先生/女士，今天非常感谢您的光临！我的名字叫□□，期待能再见到您！"对于保持与顾客的长期交往而言，销售员和顾客能够相互称呼名字是最为理想的。

第 5 章

始终需要坚持的待客的基础

30 展示吸引顾客的表情

笑对顾客是最为基本的待客原则。在我们的待客过程中，要想令顾客感到愉快，令人感到舒服的表情是必不可少的。在许许多多注重笑对顾客的销售员中，一些被称为"笑对顾客能手"的销售员实在令人佩服。这样的销售员只要往卖场上一站，顾客自然而然地就会被吸引过来。"笑对顾客能手"是怎样做到这一点的呢？

● "不安的心情"会流露在表情上

我正式入职之后最开始是被分配到一个只有两个员工的小店工作。我和另外一位前辈员工是轮流休息的，所以在一天的工作时间里有时店里会只有我一个人。前辈不在店里，只剩我一个人的时候，我会感到极度的不安。

一想到"如果发生什么纠纷该怎么办""如果被顾客问到自己不懂的问题该怎么办"，自己就会显露出如坐针毡的神情。有一天，前辈批评我："你的不安都写在脸上了！"我去照了一下镜子，果然我是一副要哭的表情。如同前辈所说的那样，"看到我的表情，顾客都会敬而远之"。于是，我决定从第二天开始为顾客呈现灿烂的笑容。

那么，要问后来进店顾客的数量增加了吗？我不得不说，非常遗憾，进店顾客并没有增加。每逢有顾客从店前的通道走过，我都会露出满面笑容，与顾客四目相对时，以"欢迎光临"招呼顾客。

可是，顾客一与我目光相遇，总是毫无表情地将视线移开。遇到想要进店的顾客，我一与他们目光相遇，他们就会逃走。"为什么我已经这样注意笑对顾客了，顾客却不想进店呢？"一时间，我陷入了深深的困惑之中。

按理说"笑脸是可以吸引顾客的"，为什么顾客反而会敬而远之呢？那是因为我的笑容不自然，"希望顾客进店"的意图过于明显。**销售员过度的笑容或许会令顾客感到压力。**

当然，销售员如果以僵硬的表情在店里等待顾客，顾客也是会感觉不舒服，不愿意进店的。在这里，我想要表达的是，**我们需要掌握适合不同场景的笑的方法。**

- 您是不是只是嘴角在笑？

不知各位在日常生活中，有没有关注过**"笑的种类"**。笑的种类有很多，有遇到好事时很自然地露出的微笑，有和朋友对话时发出的大笑，有受到夸奖时流露出的腼腆的笑。我们站在店里，没有与任何人交谈却展现出露齿的笑容，会给人一种不自然的感觉。所以，站在店里等待顾客的时候，各位可以尝试将嘴角上扬，呈现淡淡的笑容。

展现这样的笑容时，有一点需要引起注意。那就是我们自己很难分清"上扬从眼角到脸颊骨的面部整体的肌肉，呈现平和的笑容"与"让脸部完全放松而变得面无表情"之间的区别。所以，有时即便我们自己想要做出淡淡的微笑的表情，却给人留下"面无表情""只是嘴角在笑"的印象。上班之前以及在工作过程中，我们可以通过照镜子进行自查。当我们离开卖场进入库房时，能够感觉到自己脸上的力量放松下来了，这也可以说明我们已经能够展现淡淡的笑容了。

● 不露齿，上扬"嘴角"展现微笑

在我曾经工作的店里，有一位前辈销售员，只要这位前辈出现在卖场，顾客就会自然而然地被吸引过来。这位前辈并没有用特别大的声音叫卖。她总是一副嘴角上扬、令人备感亲切的表情，与走过店前通道的顾客目光相遇时，顾客非但不会走开，反而会不可思议地受到吸引而走进店来。所以，只要这位前辈在店里，来店的顾客就会络绎不绝。

在与进店顾客交流的过程中，这位前辈的表情会不断变化。设身处地地倾听顾客的讲述时，她会呈现一副认真的表情；听顾客开玩笑时，又会露出雪白的牙齿，展现出快乐的笑容。看着这位前辈张弛有度地使用各种表情，我领悟到了不能机械地按照手册上所写的那样一直保持笑容，而应该学会各种表情的区别使用。

所谓笑容的区别使用，就是根据具体情况有意识地选择合适的笑容。接待顾客时所需要的不仅仅是表面上的笑容，更需要发自心底的笑容。销售员出于想要招呼顾客进店的焦虑感而做出的笑容，往往会给人一种不自然的印象。这样的笑容还会令顾客产生"要是走进店里就必须购物"的不安。要想让顾客看到我们自然的笑容而产生安心感，我们必须确保我们的笑容要符合当时的场景。

不自然的笑容令意图变得过于明显

NG 满面笑容

一个人站在卖场却展现露齿的笑容，会稍稍给人一种不自然的印象。在这种情况下，如果与顾客目光相遇，顾客难免会产生"想让我买东西"的意图都写在脸上了的感觉。

OK 淡淡的笑容

销售员通过嘴角自然上扬呈现出的平和的笑容，容易给人带来好感。如果能够做到笑容的区别使用，即"在一个人的时候笑容平和""与顾客对话时活力四射"，那就堪称完美了。

31 随时准备招呼顾客的姿态令顾客敬而远之

"对于来店的顾客,一定要打招呼。"

许多销售员因为之前接受过这样的指导,在店里就会紧张地关注顾客什么时候进店,什么时候拿起商品。但这种等待的姿态,有时会给顾客带来压力。

● 不盯着顾客看

下面给各位讲一段我买电脑的经历。

在大型家用电器专卖店里,电脑是需求比较大的商品。为了确保对顾客的接待服务的质量,店家往往会在店内安排许多销售员。所以,我们经常可以看到在店里等待顾客的销售员比顾客还多的情况。那天,我穿过宽阔的卖场走向电脑专区,一放缓脚步,许多销售员一边招呼"欢迎光临"一边将视线齐刷刷地投过来。就这样自己被别人盯着看,我感觉很不安,根本无法从容地查看商品。就在此时,一位销售员从我身后走来。于是,我心想"今天反正是来踩点的,还是回去吧",电脑连碰都没碰就离开了卖场。

我在这里举了一个有关电脑的例子，其实，与销售的商品类型无关，在经营服装、杂货等的店铺里，这种场面也是经常可以看到的。销售员在卖场做好随时接待顾客的准备，一旦发现顾客，就上前提供贴身服务的方式，会令许多顾客产生压力。

对顾客而言，卖场是一个与日常生活隔绝的空间。因此，顾客进店时，会很在意店里的状况。**自己的一举一动都被别人盯着看时，就会产生自己如同被监控探头监视的感觉。**

● 迎接顾客时的三大要点

销售员之所以会盯着顾客看，是因为他们想要创造销售业绩。确实，销售员的待客服务是从接近顾客开始的。然而，如果销售员"盯着顾客看"，那就做过了，会产生反作用。

我们要想比较自然地迎接顾客，就要把握"制造繁忙的假象""学会善于用余光观察""不立即采取行动"这三个要点。让我们努力掌握这三点，增加接近顾客的机会吧。

①制造繁忙的假象

通常在卖场上，我们可以看到销售员双手交叉在身前，慢慢地在店内巡视（或者，面向店门口站立不动）的身影。这样的话，顾客或许会产生"一走进店里，马上就会有销售员和自己搭话"的印象。那么，**顾客觉得进什么样的店铺比较轻松呢？这样的店被称为"有空子可钻的店"，也就是销售员看起来都忙忙碌碌，顾客自己有机会在店里自由自在地观察商品的店铺。**

所以，作为销售员，我们需要做出"折叠商品""调整商品摆放位置"等动作，制造繁忙的假象。顾客看到销售员熟练的动作，或许还会留下"那位销售员看来很棒"的印象。

此外，我们在后面跟着顾客时，手上做着些工作的话，会给顾客比较自然的感觉。顾客会根据感觉判断"销售员在自己所能看到的什么位置"。我们需要注意"自己的行为是否自然"。

②学会善于用余光观察

我们不要盯着顾客看，而是用感觉去捕捉顾客正在做什么的信息。我们如果自己不加以注意，会很容易盯着顾客看个没完。

要想做到不经意地观察顾客，我们首先要学会一边做手上的工作，一边以大约五秒钟一次的频率抬头的习惯。不是用眼睛追踪，而是以偶尔看一眼的节奏，把握顾客的动向。

此时，如果我们不注意，在抬头的瞬间可能会与顾客目光相遇，吓顾客一跳。我们要注意从顾客所在位置的斜侧方抬头，再将视线慢慢地移向顾客。

③在招呼"欢迎光临"之后，不立即采取行动

销售员向顾客招呼"欢迎光临"时，是想向顾客发出"我已经觉察到您的光临"的信息。我们注意不要在招呼"欢迎光临"之后"马上就接近顾客"。那是因为，顾客看到"觉察到自己的到来，就立刻走近的销售员"，很容易产生"自己已被锁定"的感觉。

为了让顾客能够安心地在卖场走动，慢慢地观察商品，我们需要思考令顾客觉察不到的接近顾客的方法。我们可以在招呼"欢迎光临"之后，做一呼一吸的停顿。之后，我们一边做着很自然的"折叠商品""触摸商品"的动作，一边慢慢地接近顾客。这样做，我们能够给顾客一种"因为有工作要处理，偶然与顾客走到了同一个方向"的印象。**我们如果没有给顾客留下是为了接待而特意接近的感觉，顾客会比较容易解除戒心。**

销售员一边思考着"顾客什么时候拿起商品呢？"一边将

认真的目光投向顾客。通过销售员这样的行为，可以看出其对销售业绩的重视，是值得称道的。但是，如果紧盯顾客的一举一动的话，有时会产生忽视顾客感受的结果。如果我们能够改变自己的行为，营造令顾客感到舒服的环境，那么我们接待顾客的机会也会越来越多。

营造顾客轻松自由逛店的气氛

NG 一直盯着顾客看

"顾客来啦！必须赶快去接待！"销售员一这样想，就会露出如同狮子看到猎物般的目光。如此一来，顾客也会感到不安。销售员从顾客背后紧跟顾客的行为会令顾客厌烦。这一点需要引起注意。

OK 用余光观察顾客

为了给顾客营造轻松自由的逛店气氛，销售员采取一边做手上的工作一边观察的方式。如果销售员能够养成自然地、用余光观察顾客的习惯，顾客也就能安心地拿起商品进行观察了。

32 把卖场的商品摆整齐，顾客反而会讨厌？

在卖场上，为了便于顾客查看商品、挑选商品，销售员需要随时注意保持商品摆放的整齐。这是一个基本原则。在越来越多的顾客追求商品物美价廉的今天，为了展示商品的品质，美观的商品摆放是必不可少的。每每走过卖场，目睹销售员聚精会神地重新折叠西式服装、在货架上补货的身影，不由得会被他们努力维护卖场面貌的工作态度所感染。

然而，根据过去我们针对顾客的调查结果，广大顾客都异口同声地提出"由于销售员正在摆放商品，顾客查看商品会感到很不方便"的意见。此外，"我刚刚看完一件商品，销售员立刻就把它整理好，放回了原位，我感到很不舒服""销售员摆放商品时，堵塞了通道，妨碍了顾客逛店"之类的对于销售员的卖场维护工作的负面意见也不少。

一次，我所在的店铺马上就要结束一天营业的时候，只要再卖出一件商品，就能完成当天的销售任务了。当时只有我一个人在盯店。我想："我应该尽量让顾客更容易看到最畅销商品的摆放区域，这样可以增加顾客拿起商品查看的机会。"

想到这里，我就立刻着手将被顾客翻乱的西式服装重新折叠整齐。我心想"为了便于顾客拿起观察，必须尽快完成"，就专心致志地投入了整理工作中。可是，顾客完全没有想要拿取商品查看的迹象。不仅如此，我感觉顾客"在卖场里走动时，会特意避开我做整理工作的区域"。

有时会有顾客在我身后停住脚步，本想越过我伸手拿取货架上的商品，却又不好意思地看看我，把手缩了回去。就这样，当天的销售目标并未达成，关门的时间就到了。

无论我们在卖场上把商品摆放得多么整齐，如果制造了顾客难以拿起商品的气氛，那也是毫无意义的。 当我们将精力都集中在卖场维护工作时，就会忽视周边的情况，进而造成顾客难以拿取商品的氛围。顾客是会一边在店里走动，一边注意观察销售员的动向的。因此，有些顾客就会产生"销售员卖力地叠好的东西，我们再把它弄乱，多不好呀"的想法，进而对这样的区域很自然地采取回避态度。

在销售员正在整理的区域，如果有顾客无论如何都想看的商品的时候，顾客有可能会靠近观看。但是，除非顾客对那件商品特别在意，基本上是不会慢慢地进行研究的。

话又说回来，如果在卖场上商品摆放凌乱，那也不利于顾客挑选商品，了解商品的特性。此外，顾客看到销售员无所事事地在店里转来转去的时候，也难免会产生"那个销售员看起来很闲呀，我不想进这家店"的想法。所以说，我们在卖场的时候，还是需要努力维护卖场面貌的。即使我们在整理货架上的商品时，也要注意随时为便于顾客拿取商品做好准备。那么，怎样才能做到这一点呢？在下面的部分里，我想给各位讲一讲。

- **如果发现顾客对商品感兴趣，就立即撤离**

如果发现有顾客进店，向自己正在整理货架的区域走来，我们要用"欢迎光临！"来招呼顾客。我们将身体朝向顾客，以此向顾客表示自己已经觉察到顾客的到来，随时准备开始接待工作。我们做出这样的表示之后，顾客触摸我们刚刚做过整理工作的区域内的商品时，会感到比较轻松。我们这样的很自然的行为，对于顾客是停下脚步查看商品，还是径直走过会起到决定性作用。

如果感觉顾客要拿起商品观察，我们就悄无声息地走开，到其他区域去整理货架。此时，有一点需要注意，那就是我们需要移动到一个离顾客不太远的地方。**在距离顾客两大步的侧方或斜前方会比较理想**。也就是说，我们要选择一个顾客如有疑问便于向我们咨询、我们也容易实施初次接近的位置。

在我们整理货架时，有一些事项必须注意。比如"**注意不要堵塞通道**""**对于顾客碰过的商品，不要立即上前整理**"。

我们一心只想着整理货架的工作时，对于从我们前方经过的顾客、把货架翻乱的顾客，有时甚至会产生"没看到我正在整理吗？"的想法吧。各位想要尽快完成整理工作的心情是完全可以理解的，但是，此时必须克制一下。货架被顾客翻乱之后，我们整理货架确实要花费一些精力。但是，如果顾客一旦形成了"我明明想看看货架上的商品，销售员却完全不明白我的意图"的负面印象，我们要想消除它，相比于整理货架就不得不付出更多的时间和努力。

有一次，快要到关门时间了，我们正准备调整店内商品的布置，一位顾客来到店里。那天，我和员工计划在下班后为一位员工举办生日晚会，事先约好"尽快做完工作之后去居酒屋"。顾客进店的时候，这位员工很自觉地停下手中的工作，为了便于顾客通过，将调整工作所用的器材移到通道两侧。这位顾客在店里挑选了很长时间。最后，她在结账的时候笑着对我说："今天，我提前做完工作就赶来了，买到了明天送给妈妈的生日礼物，真高兴！我之前也去了其他店，看到他们都很忙的样子，就没好意思去打扰他们。"对于当时的情景，我至今仍然清楚地记得。

由于接待这位顾客花了太多时间，以至于调整店内商品布置的工作很晚才结束，去居酒屋的计划泡汤了。关门后，我们一边工作，一边谈论"那位顾客买到了礼物，真好呀！"。这段经历成了我们共同的美好回忆。

平时，我们注意保持卖场上商品的整齐摆放非常重要。与此同时，如何营造便于顾客查看商品的环境，取决于销售员的用心程度。我们要树立自己是为了便于顾客查看商品才整理货架的意识，进而思考自己应该站立的位置和应该采取的行为。如此，我们一定能够营造出令顾客感到愉悦的气氛。

不过分专注于整理货架工作

NG （正在整理货架）不避让，对周围视而不见，不打招呼

销售员一心想着"必须马上把商品摆放整齐"而沉浸在整理工作中。然而，销售员的这种做法会令顾客产生"真碍事！无法查看我想要看的东西"的不满。

OK （正在整理货架）发觉顾客的到来，很自然地保持距离

销售员正在整理货架的时候，如果发现有顾客接近，就停止手中的工作。然后，很自然地换个地方继续整理工作。如此，顾客能够慢慢地观察商品，较长时间地在店内逗留。

33 僵硬的敬语会令顾客敬而远之？

在接待顾客的时候，要想令顾客感到舒服，我们必须正确地使用敬语①。实际上，我们在待客、收银、接听电话等方面需要掌握的敬语还是相当多的。当然，**在销售员过度使用敬语时，许多顾客表示会产生"疏远感""太夸张"的感觉**。那么，我们使用怎样的措辞才能够让顾客愉快、轻松地接受我们的待客服务呢？

- 使用写在手册上的敬语表达可能会令对方敬而远之

我曾经在位于东京市内某家百货店里的店铺工作。那时我

---

① 在日语中，人们通常将敬语分为尊敬语、谦逊语、郑重语和美化语。其中，尊敬语是说话人对话题中所涉及的人以及与其有关的事物、行为、状态、性质等直接表示敬重而采用的语言表达形式。谦逊语是通过降低自己或自己一方的相关事物、行为、状态、性质等方式间接地向对方表示敬重的语言表达方式。郑重语，也被称作"敬体"，是说话人专门对听话人表示敬重、礼貌的语言表达形式。美化语是说话人为了使自己的语言更文雅得体而使用的语言表达形式。在日常工作、生活中，人们通常会根据双方的恩惠关系、内外关系、上下关系运用敬语。——译者注

还是个新员工。当时，顾客人群下到高中生上到八十岁的老年人，可以说覆盖面非常广。有一天，我接待了一位和我年龄相仿的女性顾客。这位顾客给人的感觉和我的一位好友很相似，喜好与我或许也相同，我觉得"要是和她交往，我们应该能成为好朋友"。然而，当时我正在百货店里工作，所以我提醒自己必须彬彬有礼地接待顾客。于是，我使用"您是刚刚下班吗？""您的衣服真漂亮哈！"等写在手册上的敬语表达向她打了招呼。

在待客过程中，这位顾客一直是一副试图保持距离的样子。她表情僵硬，对我的询问只是简单地做"是的""不是的"之类的简短回应。我感觉在我们之间有一面厚厚的墙似的。看着她的神情，我的态度也变得越来越僵硬了。于是，待客服务陷入僵持状态。结账之后，她深深地叹了一口气，完全是一副"啊，终于结束啦！"的表情。一时间，我也禁不住产生了疲惫感。

有些销售员平时可以很直率地和朋友、前辈交谈，在接待顾客时却会感到拘谨。如同在上面的事例中看到的那样，我出于"这里是百货店""现在正在接待顾客"的想法，在自己与顾客之间构建了一堵墙，导致双方之间的交流陷入尴尬境地。

在销售员与顾客之间形成一堵墙的原因之一就是销售员使用了

"过于僵硬的敬语"。这也可以说是在前面的事例中，顾客和我都感到心累的原因吧。但是，如果销售员使用"对等表达"，顾客会认为对方过于亲昵，进而也会采取敬而远之的态度。那么，我们使用怎样的交流方式才好呢？

我们需要在认真掌握敬语用法的基础上，根据不同顾客人群选择适当的表达。在前面的事例中，我如果不用"您是刚刚下班吗？"，而用"刚刚下班吗？"，不用"您的衣服真漂亮哈！"而用"衣服真漂亮哈！"，效果会好一些。我们即使与顾客不属同一代人，在商店街以及性格豪爽的顾客较多的地方，选择后者的说法会比较好。即使是在百货店，如果遇到平易近人的顾客，我们使用加以简化的敬语表达，对方反而会感到高兴。

- 灵活掌握敬语的区别使用

我们去店里购物的时候，有时会遇到善于针对不同的顾客灵活使用敬语的销售员。这样的销售员有一个共同点，即**采用简化敬语与标准敬语相结合的表达方式接待顾客**。

下面是一段我在经常购物的店里与一位销售员的对话内容。

销售员 "您好！**尊敬的**平山女士，刚刚下班吗？"

我 "是呀。今天工作结束得比较早，就过来看看。"

销售员 "好像您的行李比较多，先放这边好吗？"

我 "啊，那就麻烦你啦。对了，我预订的东西到了吗？"

销售员 "**遵命**！我马上拿过来。"

像这样，这样的销售员会将轻松的表达与标准的敬语表达结合起来使用。对话中的"尊敬的〇〇先生/女士""遵命"就属于标准敬语。称呼顾客时，这位销售员在顾客名字之前加上"尊敬的"（如果顾客有要求，也可以称呼顾客的绰号或省略"尊敬的"的表达）。在应答中，这位销售员没有使用"明白了"，而是使用了"遵命"的表达。此外，我们在提及商品的时候，常常会不自觉地使用"玩意儿""东西"的表达，这一点需要引起注意。

此外，我们在表达"抱歉"时，要使用"实在对不起"的表达，在提及自己的"母亲"以及"自己店里的同事"时，在称呼上不要使用敬称。也就是说，我们面对顾客在使用轻松的表达的时候，也并不失礼节。

上面提到的这位销售员与我相识很久了，我一直非常享受这位销售员的待客服务。我明白：这位销售员一直是以不拘谨的轻松表达结合标准敬语表达的方式，让我享受待客的舒适感。

使用敬语的目的在于"通过尊重对方，缩短与对方之间的距离"。因此，如果过度使用敬语有可能会在我们与顾客之间形成一堵墙，产生适得其反的效果。但是，为避免给顾客一种措辞过于随意的印象，我们要学会得体地使用标准敬语。

为了让顾客能够轻松地接受待客服务，作为销售员的我们也能轻松地提供待客服务，让我们重新审视一下敬语的用法吧。我们发自内心地希望顾客快乐地接受待客服务的诚意是可以传递给顾客的。那么，让我们从不过分介意措辞的正确性，尝试发自内心地享受与顾客的对话开始吧。

使用正确但僵硬的敬语表达时需要引起注意

NG
"您是刚刚下班吗？"
"您的衣服真漂亮哈！"

销售员掌握标准敬语具有重要意义。但是，有时使用这样的表达会在销售员与顾客之间形成一堵墙。相反，如果销售员使用"对等表达"，顾客会产生对方过于亲昵的印象。

OK
"刚刚下班吗？"
"衣服真漂亮哈！"

针对具体的顾客，销售员使用平时听惯了的敬语表达。在轻松的表达中，恰当加入标准敬语表达，能够给顾客留下不失礼节的印象。

34 关门五分钟之前是黄金时间

在店里工作时,员工除了要接待顾客以外,还要承担事务性工作、整理商品等各种各样的工作。尤其是在每天关门之前,员工们需要算账、制作需要提交的报表,总是一副忙忙碌碌的景象。然而,我们必须树立这样的意识,那就是恰恰是在即将关门的时候,会有顾客光顾,会有接待顾客的机会。

- 关门之前一小时是"黄金时间"

这是我在位于一家百货店里的服装店工作时的经历。当时,那家百货店每隔一个小时就会对店里各个租赁店铺的销售额进行通报。因为我们可以查看周围店铺的销售业绩,所以就能了解"今天我们店比〇〇店卖得好""今天销售业绩低迷的只有我们一家"之类的信息。我们可以综合这些信息制定自己店的销售目标。那一天,离关门还有一个小时的时候,我们查看了各家店的销售额,了解到各家店的销售业绩都比较差,我们想"原来业绩不好的不只是我们,家家如此呀",于是就完全放心了。

我一边想"这样的雨天,销售额不可能再有什么起色了",一边做着事务性的工作,等待关门。就在此时,几位顾客走进店来。尽管如此,我依然绝望地认为"今天是无论如何也卖不动了"。遇到有一直拿着商品观察的顾客,我只是姑且招呼一下。

那天关门之后,我马上查看了当天各家店的销售业绩,看到了一个令人震惊的结果。其他各店都大幅提升了销售业绩。"啊?到底发生了什么?"我除了吃惊还是吃惊。

原因在于我们怀着"关门后早点回家""反正这个时间顾客是不会来的"的想法,专注于算账的工作,而疏忽了接待顾客的工作。

此外,**一般来说,临近店铺关门的时候进店的顾客的购买欲望会比较强。**在多数情况下,人们之所以在马上就要关门的时候还会逛店,是出于"有明确想要购买的商品""有急需的商品""想要寻找喜欢的商品"之类的想法的。领会到这一点的销售员就可以在马上就要关门时,实现销售业绩的逆转。

具体到前面提到的事例中,在离关门一小时的时候,"绝望地认为'今天的销售额就这样了'的销售员"和"认为现在开始才是机会的销售员",其结局是迥然不同的。仔细想

217

来，如果被前者的销售员放走的顾客，接受了后者销售员的接待服务，自然会有这样的结果吧。**所以，在临近关门的时候，我们不应该出于"反正已经快关门了"而产生绝望的想法，应该树立"还有机会实现销售业绩的逆转"的意识接待顾客。**

然而，我们也还是有必须在营业时间内完成的工作的。在没有顾客的卖场上，我们什么也不做，只是一味地等待顾客，有时也是没有意义的。在这种情况下，我们需要注意思考如何才能做到待客工作与其他工作的平衡。

如果店铺里有两位店员，基本的做法是一位负责待客，一位负责其他工作。此时，需要避免两位店员商量工作、同时埋头工作的情况的发生。顾客不喜欢店内员工聚在一起的状况。因为看到店员谈得入神的情形，顾客会产生店铺是店员们的领地的感觉。顾客虽然可以通过免受接待而获得轻松感，但是也难免会产生如同随便进入别人住所的不适感。因此，顾客只是匆匆地在店内看看，就会离去。

当销售员一个人盯店的时候，除了进店顾客之外，还要注意走过通道的顾客。销售员一看到有顾客走进店里，就停下手上的工作，走出收银台的话，顾客容易产生"马上要向我兜售商品啦"的戒心。所以，我们发现有顾客进店时，应该继续手上的工作，同时将目光投向从远处走来的顾客。**销售员在**

被顾客发觉之前就走到卖场，这有助于缓解顾客的戒心。此外，为了便于进行初次接近，我们也能更容易地选择站立位置。

● 利用关门之前五分钟时间完成当天销售任务的百分之五十

我从前面所说的位于百货店内的店铺调离后，去一家店担任店长。有一天，营业时间只剩一个小时了，可是店里的收银机竟然一次也没有打开过（也就是说到那时为止当天销售额为零）。我一个人做着手头上的工作的同时，陷入了"这可怎么办"的焦虑之中。最后，我暗下决心："不到最后决不放弃任何机会！"

在距离关门大约五分钟的时候，一位顾客走过店前的通道，在对店内的情形进行一番观察之后，略显拘谨地走进店里。

后来，我接待了这位顾客。作为结果，这位顾客购买了不少商品。虽然距离完成当天的销售任务尚有差距，但是这位顾客的购买金额已经达到当天销售任务的百分之五十。零与百分之五十相比，那可是有天壤之别呀。我终于松了一口气。

那天，我送这位顾客到滚梯口的途中，她对我说的一番话，我现在还清晰地记得。"我很久没有出来购物了。因为平时我下班的时候，商店基本上都已经关门了。临近关门的时候，每家店看起来都很忙，我也不太好意思进去打扰。今天就在我不知进哪家店才好的时候，看到了你的店，感觉店内的气氛比较轻松就走了进去。"接着，这位顾客又笑着说："今天我特别想买东西。做完工作之后去购物既可以解压，又可以让自己有个好心情哈！"听了这些，我在内心里做了这样的反省："对于那些全身心投入工作的人来说，在这个时段去商店购物可以说是一种享受。即便只是为了这样的人们，我们也必须重视临近关门时段的待客工作呀！"

在临近关门、例行盘货、刚刚开门不久的忙忙碌碌的时段里，我们容易将手头上的各项工作作为优先事项进行处理。然而，对顾客而言，店铺的营业时间都应该是可以用来享受购物所带来的愉悦的时间。此外，在这样的时段也是存在提高销售额的机会的。所以，我们站在卖场上的时候，有必要重新审视这些时段的重要性，思考待客工作与其他工作之间的平衡应对。

临近关门时也要有意识地保持待客的姿态

NG （临近关门等时间段）由于忙于手上的工作而无视顾客

临近关门的时候，我们有没有出于"反正也没有顾客会来，早点回家吧"的想法而专注于手上的工作呢？临近关门时来店顾客的购买率相当高，绝对不可小觑。

OK （临近关门等时间段）观察顾客的动向，做好随时接待顾客的准备

继续手上的工作，为顾客营造轻松的进店氛围。在被从店前通道走进店里的顾客发觉之前，移步至卖场，很自然地做好随时接待顾客的准备。

后 记

销售是一份具有创造性的工作

我认为在销售员中，性格细腻、待人温和的人士比较多。

不少销售员恰恰是因为性格细腻，才在销售业绩与人际关系的夹缝之中苦苦挣扎，有时甚至萌生干脆放弃这份工作的想法的吧。

然而，有一点请各位千万不要忘记。

在我们不知道的某个地方，有顾客对我们是怀着这样的感情的——"那位销售员热情地接待了我，感谢感谢！从那位销售员那里买东西，真是太高兴啦！"

销售是一份为顾客带来喜悦的具有创造性的工作。

如果各位通过阅读这部书，能够获得越来越多对各位心怀感激的顾客的话，我也会感到无比喜悦。

最后，我对读完这部书的各位表示衷心的感谢！

关于"服务的细节丛书"介绍：

东方出版社从 2012 年开始关注餐饮、零售、酒店业等服务行业的升级转型，为此从日本陆续引进了一套"服务的细节"丛书，是东方出版社"双百工程"出版战略之一，专门为中国服务业产业升级、转型提供思想武器。

所谓"双百工程"，是指东方出版社计划用 5 年时间，陆续从日本引进并出版在制造行业独领风骚、服务业有口皆碑的系列书籍各 100 种，以服务中国的经济转型升级。我们命名为"精益制造"和"服务的细节"两大系列。

我们的出版愿景："通过东方出版社'双百工程'的陆续出版，哪怕我们学到日本经验的一半，中国产业实力都会大大增强！"

到目前为止"服务的细节"系列已经出版 136 本，涵盖零售业、餐饮业、酒店业、医疗服务业、服装业等。

更多酒店业书籍请扫二维码

了解餐饮业书籍请扫二维码

了解零售业书籍请扫二维码

"服务的细节"系列

书　名	ISBN	定　价
服务的细节：卖得好的陈列	978-7-5060-4248-2	26元
服务的细节：为何顾客会在店里生气	978-7-5060-4249-9	26元
服务的细节：完全餐饮店	978-7-5060-4270-3	32元
服务的细节：完全商品陈列115例	978-7-5060-4302-1	30元
服务的细节：让顾客爱上店铺1——东急手创馆	978-7-5060-4408-0	29元
服务的细节：如何让顾客的不满产生利润	978-7-5060-4620-6	29元
服务的细节：新川服务圣经	978-7-5060-4613-8	23元
服务的细节：让顾客爱上店铺2——三宅一生	978-7-5060-4888-0	28元
服务的细节009：摸过顾客的脚，才能卖对鞋	978-7-5060-6494-1	22元
服务的细节010：繁荣店的问卷调查术	978-7-5060-6580-1	26元
服务的细节011：菜鸟餐饮店30天繁荣记	978-7-5060-6593-1	28元
服务的细节012：最勾引顾客的招牌	978-7-5060-6592-4	36元
服务的细节013：会切西红柿，就能做餐饮	978-7-5060-6812-3	28元
服务的细节014：制造型零售业——7-ELEVEn的服务升级	978-7-5060-6995-3	38元
服务的细节015：店铺防盗	978-7-5060-7148-2	28元
服务的细节016：中小企业自媒体集客术	978-7-5060-7207-6	36元
服务的细节017：敢挑选顾客的店铺才能赚钱	978-7-5060-7213-7	32元
服务的细节018：餐饮店投诉应对术	978-7-5060-7530-5	28元
服务的细节019：大数据时代的社区小店	978-7-5060-7734-7	28元
服务的细节020：线下体验店	978-7-5060-7751-4	32元
服务的细节021：医患纠纷解决术	978-7-5060-7757-6	38元
服务的细节022：迪士尼店长心法	978-7-5060-7818-4	28元
服务的细节023：女装经营圣经	978-7-5060-7996-9	36元
服务的细节024：医师接诊艺术	978-7-5060-8156-6	36元
服务的细节025：超人气餐饮店促销大全	978-7-5060-8221-1	46.8元

书　　名	ISBN	定　价
服务的细节026：服务的初心	978-7-5060-8219-8	39.8元
服务的细节027：最强导购成交术	978-7-5060-8220-4	36元
服务的细节028：帝国酒店　恰到好处的服务	978-7-5060-8228-0	33元
服务的细节029：餐饮店长如何带队伍	978-7-5060-8239-6	36元
服务的细节030：漫画餐饮店经营	978-7-5060-8401-7	36元
服务的细节031：店铺服务体验师报告	978-7-5060-8393-5	38元
服务的细节032：餐饮店超低风险运营策略	978-7-5060-8372-0	42元
服务的细节033：零售现场力	978-7-5060-8502-1	38元
服务的细节034：别人家的店为什么卖得好	978-7-5060-8669-1	38元
服务的细节035：顶级销售员做单训练	978-7-5060-8889-3	38元
服务的细节036：店长手绘　POP引流术	978-7-5060-8888-6	39.8元
服务的细节037：不懂大数据，怎么做餐饮？	978-7-5060-9026-1	38元
服务的细节038：零售店长就该这么干	978-7-5060-9049-0	38元
服务的细节039：生鲜超市工作手册蔬果篇	978-7-5060-9050-6	38元
服务的细节040：生鲜超市工作手册肉禽篇	978-7-5060-9051-3	38元
服务的细节041：生鲜超市工作手册水产篇	978-7-5060-9054-4	38元
服务的细节042：生鲜超市工作手册日配篇	978-7-5060-9052-0	38元
服务的细节043：生鲜超市工作手册之副食调料篇	978-7-5060-9056-8	48元
服务的细节044：生鲜超市工作手册之POP篇	978-7-5060-9055-1	38元
服务的细节045：日本新干线7分钟清扫奇迹	978-7-5060-9149-7	39.8元
服务的细节046：像顾客一样思考	978-7-5060-9223-4	38元
服务的细节047：好服务是设计出来的	978-7-5060-9222-7	38元
服务的细节048：让头回客成为回头客	978-7-5060-9221-0	38元
服务的细节049：餐饮连锁这样做	978-7-5060-9224-1	39元
服务的细节050：养老院长的12堂管理辅导课	978-7-5060-9241-8	39.8元
服务的细节051：大数据时代的医疗革命	978-7-5060-9242-5	38元
服务的细节052：如何战胜竞争店	978-7-5060-9243-2	38元
服务的细节053：这样打造一流卖场	978-7-5060-9336-1	38元
服务的细节054：店长促销烦恼急救箱	978-7-5060-9335-4	38元

书　名	ISBN	定　价
服务的细节055：餐饮店爆品打造与集客法则	978-7-5060-9512-9	58元
服务的细节056：赚钱美发店的经营学问	978-7-5060-9506-8	52元
服务的细节057：新零售全渠道战略	978-7-5060-9527-3	48元
服务的细节058：良医有道：成为好医生的100个指路牌	978-7-5060-9565-5	58元
服务的细节059：口腔诊所经营88法则	978-7-5060-9837-3	45元
服务的细节060：来自2万名店长的餐饮投诉应对术	978-7-5060-9455-9	48元
服务的细节061：超市经营数据分析、管理指南	978-7-5060-9990-5	60元
服务的细节062：超市管理者现场工作指南	978-7-5207-0002-3	60元
服务的细节063：超市投诉现场应对指南	978-7-5060-9991-2	60元
服务的细节064：超市现场陈列与展示指南	978-7-5207-0474-8	60元
服务的细节065：向日本超市店长学习合法经营之道	978-7-5207-0596-7	78元
服务的细节066：让食品网店销售额增加10倍的技巧	978-7-5207-0283-6	68元
服务的细节067：让顾客不请自来！卖场打造84法则	978-7-5207-0279-9	68元
服务的细节068：有趣就畅销！商品陈列99法则	978-7-5207-0293-5	68元
服务的细节069：成为区域旺店第一步——竞争店调查	978-7-5207-0278-2	68元
服务的细节070：餐饮店如何打造获利菜单	978-7-5207-0284-3	68元
服务的细节071：日本家具家居零售巨头NITORI的成功五原则	978-7-5207-0294-2	58元
服务的细节072：咖啡店卖的并不是咖啡	978-7-5207-0475-5	68元
服务的细节073：革新餐饮业态：胡椒厨房创始人的突破之道	978-7-5060-8898-5	58元
服务的细节074：餐饮店简单改换门面，就能增加新顾客	978-7-5207-0492-2	68元
服务的细节075：让POP会讲故事，商品就能卖得好	978-7-5060-8980-7	68元

书　名	ISBN	定　价
服务的细节076：经营自有品牌	978-7-5207-0591-2	78元
服务的细节077：卖场数据化经营	978-7-5207-0593-6	58元
服务的细节078：超市店长工作术	978-7-5207-0592-9	58元
服务的细节079：习惯购买的力量	978-7-5207-0684-1	68元
服务的细节080：7-ELEVEn的订货力	978-7-5207-0683-4	58元
服务的细节081：与零售巨头亚马逊共生	978-7-5207-0682-7	58元
服务的细节082：下一代零售连锁的7个经营思路	978-7-5207-0681-0	68元
服务的细节083：唤起感动	978-7-5207-0680-3	58元
服务的细节084：7-ELEVEn物流秘籍	978-7-5207-0894-4	68元
服务的细节085：价格坚挺，精品超市的经营秘诀	978-7-5207-0895-1	58元
服务的细节086：超市转型：做顾客的饮食生活规划师	978-7-5207-0896-8	68元
服务的细节087：连锁店商品开发	978-7-5207-1062-6	68元
服务的细节088：顾客爱吃才畅销	978-7-5207-1057-2	58元
服务的细节089：便利店差异化经营——罗森	978-7-5207-1163-0	68元
服务的细节090：餐饮营销1：创造回头客的35个开关	978-7-5207-1259-0	68元
服务的细节091：餐饮营销2：让顾客口口相传的35个开关	978-7-5207-1260-6	68元
服务的细节092：餐饮营销3：让顾客感动的小餐饮店"纪念日营销"	978-7-5207-1261-3	68元
服务的细节093：餐饮营销4：打造顾客支持型餐饮店7步骤	978-7-5207-1262-0	68元
服务的细节094：餐饮营销5：让餐饮店坐满女顾客的色彩营销	978-7-5207-1263-7	68元
服务的细节095：餐饮创业实战1：来，开家小小餐饮店	978-7-5207-0127-3	68元
服务的细节096：餐饮创业实战2：小投资、低风险开店开业教科书	978-7-5207-0164-8	88元

书　名	ISBN	定　价
服务的细节 097：餐饮创业实战 3：人气旺店是这样做成的！	978-7-5207-0126-6	68 元
服务的细节 098：餐饮创业实战 4：三个菜品就能打造一家旺店	978-7-5207-0165-5	68 元
服务的细节 099：餐饮创业实战 5：做好"外卖"更赚钱	978-7-5207-0166-2	68 元
服务的细节 100：餐饮创业实战 6：喜气的店客常来，快乐的人福必至	978-7-5207-0167-9	68 元
服务的细节 101：丽思卡尔顿酒店的不传之秘：超越服务的瞬间	978-7-5207-1543-0	58 元
服务的细节 102：丽思卡尔顿酒店的不传之秘：纽带诞生的瞬间	978-7-5207-1545-4	58 元
服务的细节 103：丽思卡尔顿酒店的不传之秘：抓住人心的服务实践手册	978-7-5207-1546-1	58 元
服务的细节 104：廉价王：我的"唐吉诃德"人生	978-7-5207-1704-5	68 元
服务的细节 105：7-ELEVEn 一号店：生意兴隆的秘密	978-7-5207-1705-2	58 元
服务的细节 106：餐饮连锁如何快速扩张	978-7-5207-1870-7	58 元
服务的细节 107：不倒闭的餐饮店	978-7-5207-1868-4	58 元
服务的细节 108：不可战胜的夫妻店	978-7-5207-1869-1	68 元
服务的细节 109：餐饮旺店就是这样"设计"出来的	978-7-5207-2126-4	68 元
服务的细节 110：优秀餐饮店长的 11 堂必修课	978-7-5207-2369-5	58 元
服务的细节 111：超市新常识 1：有效的营销创新	978-7-5207-1841-7	58 元
服务的细节 112：超市的蓝海战略：创造良性赢利模式	978-7-5207-1842-4	58 元
服务的细节 113：超市未来生存之道：为顾客提供新价值	978-7-5207-1843-1	58 元
服务的细节 114：超市新常识 2：激发顾客共鸣	978-7-5207-1844-8	58 元
服务的细节 115：如何规划超市未来	978-7-5207-1840-0	68 元

书　名	ISBN	定　价
服务的细节116：会聊天就是生产力：丽思卡尔顿的"说话课"	978-7-5207-2690-0	58元
服务的细节117：有信赖才有价值：丽思卡尔顿的"信赖课"	978-7-5207-2691-7	58元
服务的细节118：一切只与烤肉有关	978-7-5207-2838-6	48元
服务的细节119：店铺因顾客而存在	978-7-5207-2839-3	58元
服务的细节120：餐饮开店做好4件事就够	978-7-5207-2840-9	58元
服务的细节121：永旺的人事原则	978-7-5207-3013-6	59.80元
服务的细节122：自动创造价值的流程	978-7-5207-3022-8	59.80元
服务的细节123：物流改善推进法	978-7-5207-2805-8	68元
服务的细节124：顾客主义：唐吉诃德的零售设计	978-7-5207-3400-4	59.80元
服务的细节125：零售工程改造老化店铺	978-7-5207-3401-1	59.90元
服务的细节126："笨服务员"解决术1：服务的分寸感	978-7-5207-3559-9	58.00元
服务的细节127："笨服务员"解决术2：培养有"眼力见"的员工	978-7-5207-3560-5	58.00元
服务的细节128："笨服务员"解决术3：服务礼仪，就这样做、这么想	978-7-5207-3561-2	58.00元
服务的细节129："笨服务员"解决术4：治愈顾客情绪	978-7-5207-3562-9	58.00元
服务的细节130："笨服务员"解决术5：捕捉顾客的真实想法	978-7-5207-3563-6	58.00元
服务的细节131：我是厨师，我想开自己的店	978-7-5207-3569-8	59.80元
服务的细节132：餐饮店"零成本策略"：不花一分钱的揽客妙招	978-7-5207-2125-7	59.80元
服务的细节133：新医患纠纷解决术	978-7-5207-3998-6	68.00元
服务的细节134：增加顾客的34则话术	978-7-5207-4054-8	58.00元

书　名	ISBN	定　价
服务的细节135：牙科诊所创业	978-7-5207-4011-1	58.00元
服务的细节136：提高成交率的50个销售技巧	978-7-5207-4053-1	58.00元

图字：01-2023-2406 号

URERU HAMBAIIN GA ZETTAI IWANAI SEKKYAKU NO KOTOBA by Emi Hirayama
Copyright © Emi Hirayama 2015
All rights reserved.
Original Japanese edition published by Nippon Jitsugyo Publishing Co., Ltd., Tokyo.
This Simplified Chinese language edition published by arrangement with
Nippon Jitsugyo Publishing Co., Ltd., Tokyo in care of Tuttle-Mori Agency, Inc.,
Tokyo through Hanhe International (HK) Co., Ltd.

图书在版编目（CIP）数据

增加顾客的 34 则话术 /（日）平山枝美 著；姚山宏 译. -- 北京：东方出版社，2025.2. --（服务的细节）. -- ISBN 978-7-5207-4054-8

Ⅰ. F713.3-49

中国国家版本馆 CIP 数据核字第 2024VG7070 号

服务的细节 134：增加顾客的 34 则话术
(FUWU DE XIJIE 134: ZENGJIA GUKE DE 34 ZE HUASHU)

作　　者：	[日] 平山枝美
译　　者：	姚山宏
责任编辑：	高琛倩
出　　版：	东方出版社
发　　行：	人民东方出版传媒有限公司
地　　址：	北京市东城区朝阳门内大街 166 号
邮　　编：	100010
印　　刷：	优奇仕印刷河北有限公司
版　　次：	2025 年 2 月第 1 版
印　　次：	2025 年 2 月第 1 次印刷
开　　本：	880 毫米×1230 毫米　1/32
印　　张：	7.75
字　　数：	134 千字
书　　号：	ISBN 978-7-5207-4054-8
定　　价：	58.00 元

发行电话：(010) 85924663　85924644　85924641

版权所有，违者必究

如有印装质量问题，我社负责调换，请拨打电话：(010) 85924602　85924603